U0611257

INDICS 工业互联网平台系列培训教程

INDICS 平台应用教程

邹 萍 编著

石 伟 姜海森 刘 莹 樊晶晶 等 参编

科 学 出 版 社

北 京

内 容 简 介

本书面向工业互联网的生产制造企业、生态建设者以及工业应用系统用户，主要介绍了 INDICS 工业互联网平台的整体架构，以及 INDICS 平台的重点产品云平台服务及其开发应用工具集，包括云端应用开发工具、云端应用运行管理工具、工业互联网网关、物联网接入工具和云平台服务 5 款核心产品，最后介绍一些企业客户应用案例。

本书可以作为指导工业企业用户熟练使用 INDICS 平台的各种产品、为工业企业赋能、推动工业互联网生态建设的培训教材，也可作为从事工业互联网行业人员的参考书。

图书在版编目（CIP）数据

INDICS 平台应用教程 / 邹萍编著. —北京：科学出版社，2020.8
（INDICS 工业互联网平台系列培训教程）
ISBN 978-7-03-064257-8

Ⅰ. ①I… Ⅱ. ①邹… Ⅲ. ①互联网络－应用－制造工业－应用软件－技术培训－教材 Ⅳ. ①F407.4-39

中国版本图书馆 CIP 数据核字(2020)第 017832 号

责任编辑：刘　博　赵微微 / 责任校对：张小霞
责任印制：张　伟 / 封面设计：迷底书装

科 学 出 版 社 出版
北京东黄城根北街 16 号
邮政编码：100717
http://www.sciencep.com

北京建宏印刷有限公司 印刷
科学出版社发行　各地新华书店经销

*

2020 年 8 月第 一 版　　开本：720×1000 1/16
2020 年 8 月第一次印刷　　印张：12 1/2
字数：280 000
定价：78.00 元
（如有印装质量问题，我社负责调换）

"INDICS 工业互联网平台系列培训教程"
编委会

赋能工业企业　智享云端资源

—— "INDICS 工业互联网平台系列培训教程" 序

　　习近平总书记在党的十九大报告中指出，要"加快建设制造强国，加快发展先进制造业，推动互联网、大数据、人工智能和实体经济深度融合。"[①]

　　2019 年的政府工作报告中明确提出，要"打造工业互联网平台，拓展'智能+'，为制造业转型升级赋能"。

　　工业互联网理念于 2012 年由美国 GE 公司提出后，其内涵持续不断发展，目前我们对其解读为：基于泛在互联网，借助制造科学技术、人工智能技术、信息通信科学技术及制造应用领域专业技术 4 类技术深度融合，将制造全系统及其全生命周期活动中的人、产品、资源、数据、能力、智能认知/分析/决策/执行系统等智能地连接在一起，构成人、信息空间与物理空间集成、融合的智能互联制造系统，促进制造全生命周期活动中制造模式、手段、业态的创新，从而大大提高制造业的创新制造能力和服务能力，进而实现制造业的再革命。

　　近年来的实践表明，工业互联网作为新一代互联网、大数据、人工智能技术与制造业深度融合的产物，已日益成为新工业革命的关键支撑，对未来工业发展正产生着全方位、深层次、革命性影响。当前，工业互联网的实践正从其局部突破的初级阶段发展到垂直深耕、跨行业、跨领域体系/全局实践的阶段，随着发展日益深化，工业互联网赋能工业未来的蓝图正在徐徐展开。

　　2015 年以来，中国航天科工集团航天云网公司积极响应国家制造强国发展战略，并结合航天科工集团数字化转型升级发展的内生需求，整合了航天科工集团在智能制造与仿真、网络安全与自主可控、军民产业链融通等方面的优势，基于先进云制造理论与技术体系，打造了世界首批、我国首个工业互联网平台——INDICS (industrial internet cloud space) 平台，并坚持以"信息互通、资源共享、能力协同、开放合作、互利共赢"为核心发展理念，按照"重战略、双驱动，重研发、强核心，重特色、创口碑，重扎根、接地气，重协同、不烧钱"的总体原则，致力于在工业互联网领域为客户提供有竞争力的、安全可信赖的产品、解决方案与服务，先后面向全球发布了实现工业互联网的 INDICS 平台及云制造支持系统 (cloud manufacturing support system，CMSS) ——"一脑一舱两室两站一淘金"（企业大脑、

---

① 《人民日报》，2017 年 10 月 19 日。

企业驾驶舱、云端业务工作室、云端应用工作室、企业上云服务站、中小企业服务站、数据淘金）系统级工业应用产品，进而构建了可支持跨行业、跨领域，可连接制造企业全要素、全价值链和全产业链，具有智能协同云制造新模式、新手段和新业态的工业互联网系统——"航天云网"，创新地实践了中国特色工业互联网道路，为我国制造强国发展战略目标的实施做出了积极的贡献。值得指出的是，基于持续发展的 INDICS 平台和首创的"一脑一舱两室两站一淘金"系统级工业应用软件，正在为全球工业企业提供云端/边缘层的产品、能力、资源服务，进而实现智能化制造、网络化/云化协同制造、个性化/柔性化制造。

"企业大脑"可解决企业决策层关注的核心问题，为企业决策层制定战略、科学决策提供重要数据支撑，提高决策效率。"企业驾驶舱"可为企业经营层提供大数据可视化服务，并可实时提取生产、销售、产品、运营等环节数据，及时掌握管理动态，打造数据驱动型企业。"云端业务工作室"面向工业企业从业者，提供以交易为核心的一站式全流程业务服务；通过与企业自有信息系统的数据互通，实现客户到供应商业务流程的集成贯通。"云端应用工作室"通过设计研发、生产制造和运营管理的有效集成，最终形成跨单位、跨专业的数字化协同设计、协同试验和协同制造能力。"企业上云服务站"可为企业上云提供引导和路径，帮助企业设备、产线及业务快速上云，实现生产管理数据与业务数据的采集和应用，实现网络化协同制造。"中小企业服务站"汇聚线上线下优质资源，提供一站式企业服务，降低企业运营成本，激活创新潜力。"数据淘金"可为用户提供基于特定场景下的知识服务，通过人机交互，快速获取工业知识，唤醒"休眠"数据，形成知识图谱，实现数据价值最大化。

目前，"一脑一舱两室两站一淘金"系统级工业应用已经覆盖航空航天、电子信息、通用设备等十余个行业，在全国不同区域、不同企业间成功部署。

该系列培训教程对 INDICS 平台和企业大脑、企业驾驶舱、云端业务工作室、云端应用工作室、企业上云服务站、中小企业服务站、数据淘金等进行系统阐述，并对其相关工具进行介绍，具有良好的可操作性，可指导具体工作的开展。同时，培训教程中还包含广义的 INDICS 平台应用、APP 应用及开发环境介绍等内容，使读者快速入门，快速掌握工业互联网平台理论以及实践方法。

不忘初心，方得始终。期望中国航天科工集团航天云网公司将持续为研发中国工业互联网发展模式与技术手段开展创造性实践，始终聚焦客户需求，扎根企业应用，持续深化工业互联网生态体系建设，持续完善国家级工业互联网主平台，推动工业互联网建设"破壳羽化"，为中国制造业转型升级贡献"中国方案"。

李伯虎

2020 年 3 月 16 日

前　　言

工业互联网作为新一代信息技术与制造业深度融合的产物，通过实现人、机、物的全面互联，构建起全要素、全产业链、全价值链全面连接的新型工业生产制造和服务体系，成为支撑第四次工业革命的基础设施，对未来工业发展将产生全方位、深层次、革命性影响。加快发展工业互联网不仅顺应各国产业发展大势，也是我国推动制造业质量变革、效率变革和动力变革，实现高质量发展的客观要求。

INDICS 平台是航天科工集团倾力打造的一款自主可控的、具备国际竞争力的工业互联网平台，拥有"互联网+先进制造业"（云制造）原创理论与核心技术，服务于制造业转型升级国家战略。本平台通过云端打通了虚拟与现实的产业发展脉络，构建了线上线下联动、信息物理融合的智能制造、协同智能、云制造解决方案。其中，本平台在线下可以支持工业设备，各种制造资源和制造能力可以接入平台；线上还可提供工业大数据、工程模型、知识机理和智能算法等智能引擎，可以基于平台的基本功能开发出各种智能的应用，构建新的制造系统与工业 APP，从而支持整个制造生命周期。

本书介绍了工业互联网的演化历史和 INDICS 平台的整体架构，分别介绍了 INDICS 平台的 5 款核心产品：云端应用开发工具、云端应用运行管理工具、工业互联网网关、物联网接入工具和云平台服务，并介绍了一些工业企业应用案例。

本书由邹萍统稿，第 1、2 章由石伟负责编写，第 3 章由刘芳负责编写，第 4 章由姜海森负责编写，第 5 章由马凯蒂负责编写，第 6 章由唐辉负责编写，第 7 章由申俊波负责编写，第 8 章由樊晶晶、田玉婧负责编写。在本书的编写中，王冲、刘莹、刘哲、程仕通等同事提供了丰富的素材，在此对他们的辛勤付出一并表示真诚的感谢。

由于作者理论水平有限，以及所做研究工作的局限性，本书中难免存在不妥之处，恳请广大读者批评指正。

编　者

2020 年 2 月

目　　录

第 1 章　INDICS 工业互联网平台

工业互联网是人与机器、机器与机器连接的新一轮技术革命。工业互联网平台作为工业互联网的核心，是工业全要素连接的枢纽。本章主要介绍工业互联网的起源与现状，世界首批、我国首个工业互联网平台——INDICS 工业互联网平台（以下简称 INDICS 平台），以及 INDICS 平台的核心系统级工业应用——"一脑一舱两室两站一淘金"（企业大脑、企业驾驶舱、云端业务工作室、云端应用工作室、企业上云服务站、中小企业服务站、数据淘金）。

1.1　工业互联网简介

工业互联网深刻影响着研发、生产和服务各个环节，当今工业互联网技术与应用日渐丰富，传感器互联、网关通信转换、工业应用综合集成、虚拟化技术、大规模海量数据挖掘预测等信息技术的应用呈现出更为多样的工业系统智能化特征；此外，工业互联网还影响着工业物联网的商业与管理创新进程，潜移默化地改变着产品的技术品质和生产效率。

1.1.1　工业进化史

工业发展的变革始于 18 世纪的英国，也被称为第一次工业革命。这次工业革命标志着人类社会发展史上一个全新时代的开始，拉开了整个人类社会向工业化社会转变的帷幕，工业进化史如图 1-1 所示。

1. 工业 1.0——机械化

瓦特改良了蒸汽机，开启了工业革命，实现工厂机械化。

第一次工业革命是指 18 世纪从英国发起针对生产领域的技术革命，它开创了以机器代替手工劳动的时代。此次革命以工作机的诞生开始，以蒸汽机作为动力机被广泛使用为标志。蒸汽机的改良推动了机器的普及以及大工厂制的建立，从而推动了交通运输领域的革新。这次技术革命和与之相关的社会关系的变革，称为第一次工业革命或者产业革命。

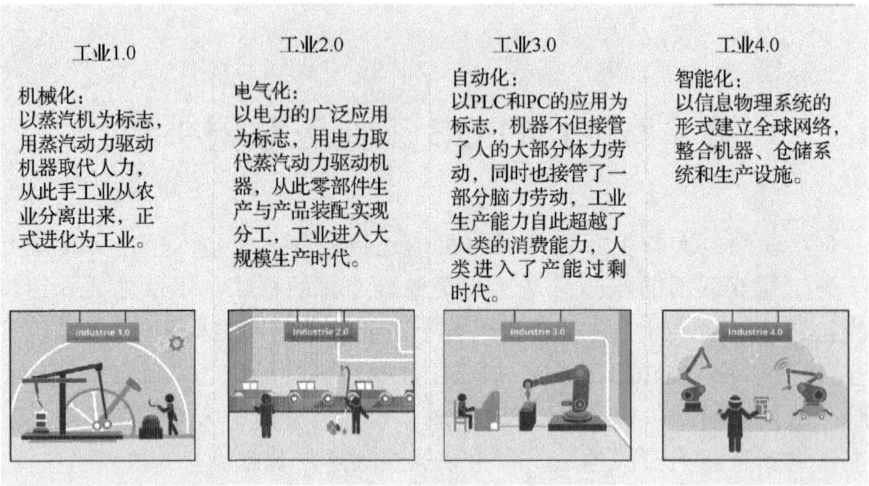

图 1-1　工业进化史

2．工业 2.0 —— 电气化

发电机的发明，使得电器被广泛使用，人类进入了电气自动化设备的年代。

第二次工业革命是指 19 世纪中期，欧洲的一些国家和美国、日本的资产阶级革命。此次革命促进了经济的发展，出现的新兴工业，如电力工业、化学工业、石油工业和汽车工业等，都要求实行大规模的集中生产，垄断组织在这些部门中应运而生，企业的规模进一步扩大，劳动生产率进一步提高。此次革命强调电力驱动产品的大规模生产，并开创了产品批量生产的新模式，人类进入了电气时代。

3．工业 3.0 —— 自动化

网络资讯的发展连接全球各地，各种精密机器的发明大幅提升了生产的效率与品质。

第三次工业革命始于 20 世纪四五十年代，电子与信息技术的广泛应用，使得制造过程不断实现自动化，是人类文明史上继蒸汽技术革命和电力技术革命之后科技领域里的又一次重大飞跃。第三次工业革命以原子能、电子计算机、空间技术和生物工程的发明与应用为主要标志，是涉及信息技术、新能源技术、新材料技术、生物技术、空间技术和海洋技术等诸多技术的一场信息控制技术革命，不仅极大地推动了人类社会经济、政治、文化领域的变革，而且影响了人类的生活方式和思维方式。随着科技的不断进步，人类的衣食住行用等日常生活的各个方面也发生了重大的变革。电子计算机的广泛应用促进了生产自动化、管理现代化、科技手段现代化和国防技术现代化，也推动了情报信息的自动化。以全球互联网络为标志的信息高速公路正在缩短人类交往的距离。

4. 工业 4.0——智能化

工业 4.0 起源于德国，核心概念是利用虚实整合系统，将制造业甚至整个产业供应链互联网化。

第四次工业革命的工业 4.0 战略于 2011 年诞生于德国，是德国联邦教研部与联邦经济技术部在 2013 年德国汉诺威工业博览会上提出的概念，其内容是将互联网、大数据、云计算、物联网等新技术与工业生产相结合，最终实现工厂智能化生产，让工厂直接与消费需求对接。工业 4.0 描绘了制造业的未来愿景，提出继蒸汽机的应用、规模化生产和电子信息技术三次工业革命后，人类将迎来以信息物理系统 (cyber physical systems，CPS) 为基础，以生产高度数字化、网络化、机器自组织为标志的第四次工业革命。随着物联网及服务的引入，制造业正迎来第四次工业革命，企业能以 CPS 的形式建立全球网络，整合其机器、仓储系统和生产设施。

1.1.2　工业互联网

工业互联网是通过人、机、物的全面互联，全要素、全产业链、全价值链的全面连接，对各类数据进行采集、传输、分析并形成智能反馈，推动形成全新的生产制造和服务体系，提升资源要素配置效率，充分挖掘制造装备、工艺和材料的潜能，提高企业生产效率，创造差异化的产品并提供增值服务。

工业互联网是新一代信息通信技术与工业经济深度融合的全新工业生态、关键基础设施和新型应用模式，它通过新一代信息通信技术建设连接工业全要素、全产业链的网络，以实现海量工业数据的实时采集、自由流转、精准分析，从而支撑业务的科学决策，实现资源的高效配置，推动制造业融合发展。工业互联网的技术与实践是全球范围内正在进行的人与机器、机器与机器连接的新一轮技术革命，并在美国、德国、中国三个制造业大国依据各自产业技术优势沿着不同的演进路径迅速扩散。工业互联网的实践是以全面互(物)联网与定制化为共性特点形成制造范式，深刻影响着研发、生产和服务等各个环节。工业互联网的内涵日渐丰富，传感器互(物)联网与综合集成、虚拟化技术、大规模海量数据挖掘预测等信息技术应用呈现出更为多样化的工业系统智能化特征。基于工业互联网的商业与管理创新所集聚形成的产业生态将构建新型的生产组织方式，也将改变产品的技术品质和生产效率，进而从根本上颠覆制造业的发展模式和进程。

1.1.3　工业互联网平台

从技术角度来看，网络、平台及安全是构成工业互联网的三大体系，其中网络是基础，平台是核心，安全是保障。

工业互联网平台作为工业互联网的核心，是面向制造业数字化、网络化、智能化需求，构建基于海量数据采集、汇聚、分析的服务体系，支撑制造资源泛在连接、弹性供给、高效配置的载体，是工业全要素连接的枢纽。

美国和德国等国家的先进企业正在以工业互联网平台为竞争点，在全球范围内扩张，工业互联网平台成为国内外先进企业抢占全球制造业主导权的必争之地。

基于各国工业体系与基础环境不同，全球工业互联网建设形成了三种范式。德国采取自下而上的模式，以完善的信息物理系统为基础，从设备的智能化开始，逐步向上延伸到生产线智能化、车间智能化、工厂智能化，最终通过打造智能制造平台逐步实现工业 4.0 的目标。美国采取由中间向两端全产业链延伸的模式，在基本实现智能制造的垂直配套体系之中，以线下全球协同制造分工布局为基础，打造全球化线上协同制造与协同售后服务平台，继续保持全球制造业垂直分工体系的主导地位。中国采取自上而下逐步深化的模式，在绝大部分企业不具备智能制造能力，企业的运营流程尚未完成信息化改造，且短时间内不可能完成智能化改造和信息化改造的前提下，从云制造生产方式变革入手，在渐进开展制造能力智能化改造和企业运营流程信息化改造过程中，同步开展企业制度的调整与变革，最终实现从云制造到协同制造、从协同制造到智能制造的逆袭。

中国航天科工集团有限公司的 INDICS 平台选择的就是第三种范式，即首先搭建工业领域公共云平台，从打造云制造产业集群生态起步，先把分散在全国各个角落市场主体的资源配置与业务流程优化工作放在中心地位，配合中国制造业的群体转型，重点服务中小微企业生产方式转变，以及企业组织结构和企业制度变革的需求，从云端企业"省钱、赚钱、生钱"三个层次逐步递进，着力打造云制造产业集群生态。INDICS 平台上线 4 年后交出的答卷，初步验证了具有中国特色、自上而下逐步深化工业互联网发展路径的现实合理性。INDICS 平台模式，既是通过"智能+"为中国制造业高质量发展和转型升级"赋能"的"航天方案"，也是为国际工业互联网建设贡献的"中国方案"。

我国政府高度重视工业互联网平台的发展，倡导工业企业云上发展，国务院印发的《关于深化"互联网+先进制造业"发展工业互联网的指导意见》也提出了到 2020 年，推动 30 万家企业应用工业互联网平台，到 2025 年，实现百万家企业上云的具体任务目标。工业企业认识到未来云化发展趋势及带来的好处，纷纷将生产数据、信息系统等迁移到云上，逐步形成平台化发展。

目前，国内外主流的工业互联网平台见表 1-1。

表 1-1　国内外主流的工业互联网平台

序号	平台名称	企业	主要描述
1	Predix 平台	GE	Predix 平台的四大核心功能是链接资产的安全监控、工业数据管理、工业数据分析、云技术应用和移动性； 平台架构共分为三层，分别为边缘连接层、基础设施层和应用服务层
2	MindSphere 平台	西门子	基于云的开放式物联网操作系统； 对于工业设备的数据采集，西门子提供了一个 MindConnect 的工具盒子，可以让设备轻松入网
3	Ability 平台	ABB	"边缘计算+云"架构； 边缘设备负责工业设备的接入，对关键设备的参数、值和属性进行数据采集，由边缘计算服务进行数据的处理和展现，最上层的云平台对工业性能进行高级优化和分析
4	INDICS 平台	航天云网	INDICS 平台通过高效整合和共享国内外高、中、低端产业要素与优质资源，以资源虚拟化、能力服务化的云制造为核心业务模式，以提供覆盖产业链全过程和要素的生产性服务为主线，构建"线上与线下相结合、制造与服务相结合、创新与创业相结合"，适应互联网新业态的云端生态
5	根云平台	树根互联	根云平台主要基于三一重工股份有限公司在装备制造及远程运维领域的经验，由 OT 层向 IT 层延伸构建平台，重点面向设备健康管理，提供端到端工业互联网解决方案和服务； 主要具备智能物联、大数据和云计算、SaaS 应用和解决方案三方面功能
6	COSMOPlat 平台	海尔	COSMOPlat 平台共分为资源层、平台层、应用层和模式层； COSMOPlat 平台已打通交互定制、开放研发、数字营销、模块采购、智能生产、智慧物流、智慧服务等业务环节，通过智能化系统使用户持续、深度参与到产品设计研发、生产制造、物流配送、迭代升级等环节，满足用户个性化定制需求

1.2　INDICS 平台简介

中国航天科工集团有限公司依托多年来在先进制造业和信息技术产业的雄厚实力，倾力打造世界首批、中国首个工业互联网平台——INDICS 平台。2015 年 5 月，中国航天科工集团有限公司成立航天云网科技发展有限责任公司；2017 年 6 月，航天云网科技发展有限责任公司打造的 INDICS 平台面向全球正式发布。

1.2.1　概述

1. 云制造的内涵

云制造是一种基于泛在网络，借助新兴制造技术、新兴信息技术、智能科学技术及制造应用领域技术 4 类技术深度融合的数字化、网络化、智能化技术手段。制造云构成了以用户为中心的制造资源与能力的服务云(网),使用户通过智能终端及制造云服务平台能随时随地按需获取制造资源与能力,对制造全系统、全生命周期活动(产业链)中的人—机—物—环境—信息进行自主智能的感知、互联、协同、学习、分析、认知、决策、控制与执行,促使制造全系统及全生命周期活动中的人/组织、经营管理、技术/设备(三要素)及信息流、物流、资金流、知识流、服务流(五流)集成优化;构成一种基于泛在网络,以用户为中心,人机物融合,互联化、服务化、协同化、个性化(定制化)、柔性化、社会化的智能制造新模式(云制造范式),进而高效、优质、节省、绿色、柔性地制造产品和服务用户,提高企业(集团)的市场竞争能力的新型制造模式。

2. INDICS 平台与云制造

INDICS 平台以云制造为核心,以生产性服务为主的综合服务为依托,采用开放的技术体系、开放的商业模式与低成本高效的管控体系,形成可复制、可移植的顶级现代服务业运行体制与机制,优化整合国内外资源,形成产业发展的社会化大平台,以实现"企业有组织、资源无边界""不求所有、但求所用"的目标。

3. INDICS 平台内涵

INDICS 是以区块链、边缘计算、大数据智能、新一代人工智能技术等为核心的工业互联网开放空间,面向全球开发者、设备制造商和集成商以及合作伙伴提供全生命周期工业应用的开发、部署和运行环境。INDICS 平台作为一种提供跨行业、跨领域、跨地域的产品全生命周期、全产业链的工业操作系统,可实现对工业设备、工业服务和工业产品的感知与物联、共享与协同、学习与决策、控制与调度,全面支撑智能制造、协同制造、云制造等新型制造模型和生态。

1.2.2　INDICS 平台功能

INDICS 平台基础架构及功能模块采用五层结构,分别是应用层(SaaS 层)、平台服务层(PaaS 层)、数据服务层(DaaS 层)、基础设施服务层(IaaS 层)和工业物联网层(IIOT 层),如图 1-2 所示。

(1)应用层(SaaS 层):提供工业应用服务,包括精益制造、智能研发、智慧控制和以远程监控、智能诊断、售后服务、资产管理为核心的智慧服务等制造全产业链的工业应用服务功能。

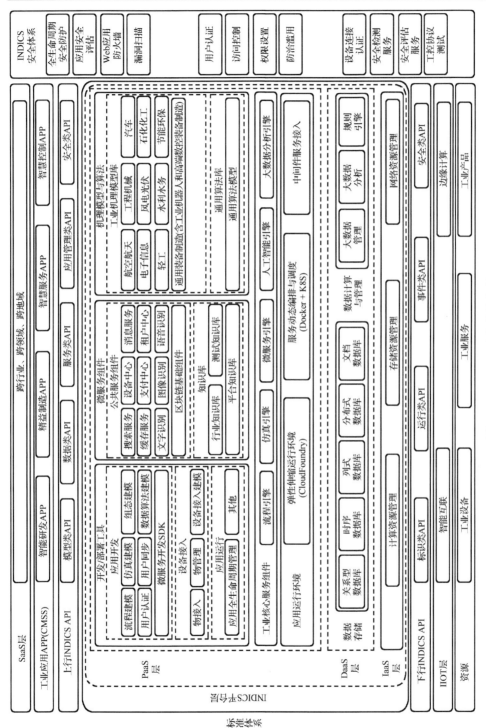

图 1-2　INDICS 平台总体架构

(2)平台服务层(PaaS 层)：以 CloudFoundry 基础架构作为底层支撑架构，扩展基于 Docker 和 Kubernetes 的混合容器技术，提供弹性伸缩运行环境和服务动态编排与调度功能；面向工业领域，提供微服务引擎、流程引擎、大数据分析引擎、仿真引擎和人工智能引擎等工业 PaaS 服务；面向开发者提供流程建模、仿真建模、组态建模、数据算法建模等工具，提供应用全生命周期管理工具，提供第三方工业互联网平台应用环境产品。

(3)数据服务层(DaaS 层)：提供 Hadoop 分布式、HBase 列式、Cassandra 时序等大数据存储能力以及 Storm 流式、Spark 内存计算等大数据分析能力，助力工业大数据分析和人工智能算法业务分析。

(4)基础设施服务层(IaaS 层)：自建数据中心，将数据中心内的服务器、存储、网络和接入的制造资源进行虚拟化和服务化，从而提供云主机服务、云存储服务、云数据库服务、制造资源服务，对外提供程序应用接口(API)、控制台、命令行等形式的调用方式，为平台上的应用提供运行环境支撑、数据支撑和物联接入支撑。

(5)工业物联网层(IIOT 层)：提供智能网关 INDICS EDGE、虚拟网关 SDK，支持各类工业服务、工业设备和工业产品接入平台。

INDICS 平台面向用户提供了包含云端应用运行工具、云端应用开发工具、云平台服务、物联网接入工具、工业互联网网关等平台工具，提供了包含企业大脑、企业驾驶舱、云端业务工作室、云端应用工作室、企业上云服务站、中小企业服务站、数据淘金等用户产品服务的云制造支撑系统体系，构建适应互联网经济业态与新型工业体系的完整生态系统，产品架构如图 1-3 所示。

1.2.3　云制造支撑系统

云制造支撑系统(cloud manufacture support system，CMSS)是智能化的端到端应用集成与服务系统，主要包括工业品营销与采购全流程服务支持系统、制造能力与生产性服务外协与协外全流程服务支持系统、企业间协同制造全流程支持系统、项目级和企业级智能制造全流程支持系统等四个方面，全面支持云制造产业生态。采用"一脑一舱两室两站一淘金"的业务界面提供用户服务。

1. CMSS 发展背景

全球制造业正进入平台竞争时代，工业互联网平台正成为促进产业价值链中高端升级，建设制造强国的关键，基于平台的应用 APP 生态成为关键。《关于深化"互联网+先进制造业"发展工业互联网的指导意见》指出，加快工业互联网平台建设，突破数据集成、平台管理、开发工具、微服务框架、建模分析等关键技术瓶颈，形成有效支撑工业互联网平台发展的技术体系和产业体系。工业和信息化部积极推动工业互联网平台建设，大力推进工业技术软件化和百万 APP 工程。

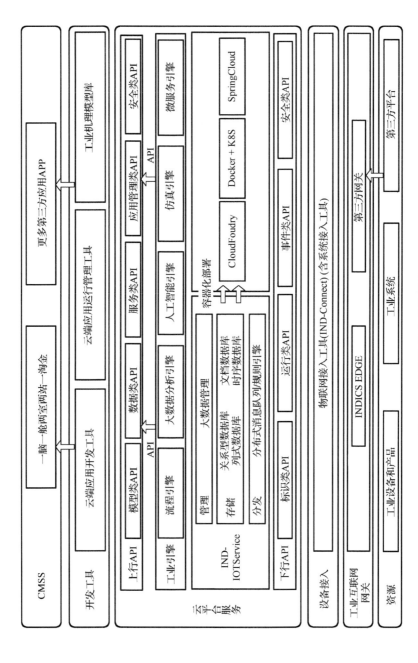

图 1-3　INDICS 平台产品架构

为深入贯彻落实以上重大举措,促进产业转型及未来企业生产经营模式升级,中国航天科工集团有限公司提出 INDICS+CMSS 发展战略,着力开展 INDICS+CMSS 体系研发,并于 2018 年正式对外发布,实现智能制造、协同制造、云制造"三类制造"发展,支撑基于软件定义的新业态体系建设。CMSS 可整合积淀的优势工业应用资源,促进制造业资源的优化配置,带动制造业产业链的重构,实现制造业转型升级。

2. CMSS 与 INDICS 平台

INDICS+CMSS 搭配,目标是构建和涵养以工业互联网为基础的云制造产业集群生态,服务于智能制造、协同制造和云制造三种现代制造形态,运用大数据和人工智能技术以及第三方商业与金融资源,促进制造业技术创新、商业模式创新与企业管理创新关联互动,推动企业转型产业升级。

CMSS 的建设目的是丰富工业应用,构建一个系统全面、开放共享、使用便捷的创新生态。由于工业场景高度复杂,行业知识千差万别,传统由少数大型企业驱动的应用创新模式难以满足海量制造企业精细化、差异化的转型需求。INDICS+CMSS 创造工业 APP 开发、部署、运行等一系列新的产业环节和价值,在工业知识高度积累、复用的基础上实现应用创新的爆发式增长,有效支撑智能化改造、协同制造和云制造等新型制造模式的实现。

INDICS 为 CMSS 提供平台支撑:对下为 CMSS 赋予设备资源管理能力,提供标识类、运行类、事件类、安全类接口服务,支持工业设备、工业产品和智能产品资源接入,在 CMSS 的设备层和产线层,支持设备控制与监控类 APP,数据驱动的设备运营类 APP,基于边缘智能的 APP 应用;对上为 CMSS 提供平台应用服务能力,为 CMSS 提供应用开发和运行所需的微服务、机理模型、建模和开发工具、公共服务组件,以及流程引擎、大数据分析引擎、人工智能引擎、微服务引擎、仿真引擎五大引擎服务和应用全生命周期管理工具,提供第三方工业互联网平台环境,支持应用的快速迁移和部署。

3. INDICS+CMSS 的用户价值

以用户为中心,打造 INDICS+CMSS 整体解决方案,实现工业服务、工业设备和工业产品的社会化集成共享、优化配置和业务协同,重塑行业边界及产业结构,实现价值链转型,构建新的制造模式和制造生态。其内在商业驱动力为 3M(省钱(to save money)、赚钱(to get money)、生钱(to make money))。

利用 INDICS+CMSS 整体解决方案,帮助企业实现快速上云,实现资源的社会化集成、配置和协同,建立体系化运作结构,形成新竞争格局和新商业盈利模式，助力制造企业进行战略转型；打破传统面向单一产品和环节的技术壁垒，重塑价值链中的研发、制造、客户服务等活动，推动价值链转型；通过对技术体系、标准体系、产业体系的重塑，构建智能制造新模式和新生态。

1.3　"脑舱室站金"简介

1.3.1　概述

　　INDICS 平台"一脑一舱两室两站一淘金"系统是将企业发展战略转化落地的基本模式，通过对业务场景、用户需求、分工界面、组织结构等方面的内容实现规范化、标准化处理，形成统一的可复制推广的总体架构模式，进一步延伸至平台其他产品，形成统一架构的工业应用集成环境，指导平台产品建设，拓展第三方工业应用资源合作。

　　INDICS 平台"一脑一舱两室两站一淘金"系统面向大型集团企业、中小微企业内的决策层、经营层与业务层提供三大层面上的服务。决策层主要指企业领导班子成员，负责公司战略制定、开拓与规划新业务；经营层指各部门管理中层，负责公司研发、生产、采购与销售等日常业务的日常运行；业务层由研发部门、生产部门、销售部门、采购部门、财务部门、仓库管理等其他综合支撑部门组成，负责公司具体业务执行。

　　"企业大脑"是指企业决策支持系统，主要服务于公司决策层，通过数据和专家系统、规则库、知识库、模型库、算法库、数据库等资源支撑企业战略管控与战略决策。

　　"企业驾驶舱"是指企业运行支持系统，主要服务于公司经营层，支撑企业经营管控活动，可为企业经营层提供大数据可视化服务，并可实时提取生产、销售、产品、运营等环节数据，及时掌握管理动态，打造数据驱动型企业。

　　"两室"主要服务于业务层，实现企业经营业务流程全覆盖。其中"云端业务工作室"是指企业交易流程支持系统，围绕企业在线采购与销售业务，打通线上合同的"对接、商签、履约、结算"业务流程和电子签章服务；打通财务、税务、物流等业务流程，可通过与企业自有信息系统的数据互通，实现客户到供应商业务流程的集成贯通，提供以交易为核心的一站式全流程业务服务。"云端应用工作室"是指企业制造过程支持系统，支撑工程类业务开展，可通过设计研发、生产制造和运营管理的有效集成，最终形成跨单位、跨专业的数字化协同设计、协同试验和协同制造能力。

　　"两站"主要实现企业的上云接入和服务支撑。其中"企业上云服务站"是指企业设备/业务上云服务系统，为企业上云提供引导和路径，帮助企业设备、产线及业务快速上云，帮助企业上云及智能化改造服务，实现生产管理数据与业务数据的采集和应用，实现网络化协同制造。"中小企业服务站"是指企业管理外包服务系统，给企业提供生产性、综合性服务支撑，可汇聚线上线下优质资源，提供一站式企业服务，降低企业运营成本，激活创新潜力。

"数据淘金"是指基于数据价值挖掘的知识服务系统，服务于所有企业内部角色，基于平台数据，面向企业和生态伙伴（数据增值服务商）提供增值服务。

航天云网"一脑一舱两室两站一淘金"系统架构图如图 1-4 所示。

1.3.2 "脑舱室站金"的应用价值

"一脑一舱两室两站一淘金"系统级工业应用作为 INDICS 平台的业务界面，是云端应用的集成环境，支持满足不同行业、不同领域企业的数字化、网络化、智能化、云化需求，无须企业单独部署，利用云端应用场景集成工业 APP 功能体系，具备一站式、多租户的特性，同时支撑工程类业务人员、协作配套类业务人员、企业经营管理者、企业决策者等类型用户不受区域限制开展云端业务。

因此，"一脑一舱两室两站一淘金"总体架构应采用"分层-微服务"的架构方式。分层架构即满足底层数据资源到顶层应用价值实现。微服务架构以面对不同种类客户、不同行业领域业务工作的较大差异，应具备良好的功能延展性、部署的便利性和高可定制性，实现渐进式开发或引入，以适应用户在不同阶段、不同时期的需求。

1. 平台层

基于 INDICS 平台提供 PaaS、IaaS 云架构服务，以 API 形式为"一脑一舱两室两站一淘金"的第三方工业应用的系统集成及业务开展提供接口。INDICS 平台具有 5 个重要功能：①提供多源异构数据接入与管理能力，帮助企业实现数据的汇聚，为实现数据分析、建模提供支撑；②构建可靠的工业应用部署运行环境，实现海量工业应用接入；③依托大数据、人工智能等新一代技术，实现核心工业引擎，提升平台服务能力；④通过对工业大数据、工业知识、技术、经验的融合，形成机理模型、算法及微服务，供开发者调用；⑤构建开放式的环境，借助机理模型、微服务组件、应用开发工具等，帮助用户快速实现工业应用开发。随着"一脑一舱两室两站一淘金"业务活动开展的不断深化、业务流程的不断丰富，大量的业务模块按照微服务的形式下沉至平台，形成可以反复调用的微服务组件，通过业务中台的构建进一步强化平台的业务开展能力和"一脑一舱两室两站一淘金"系统级应用的可剪裁、可拓展能力。

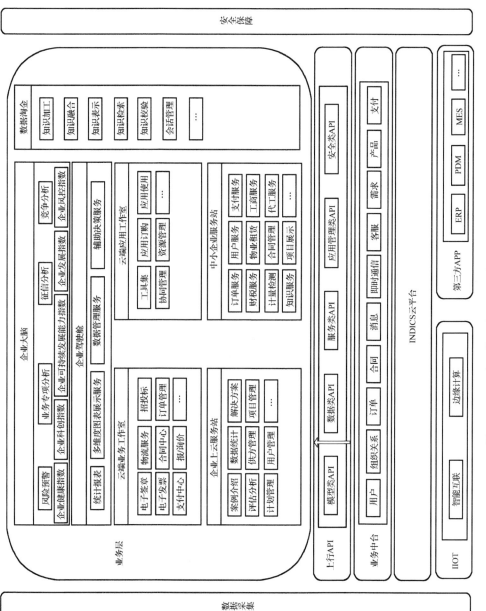

图 1-4　"一脑一舱两室两站一淘金"系统架构图

2. 业务层

业务层囊括了"一脑一舱两室两站一淘金"系统级应用的功能模块，面向不同行业、不同领域、不同地域的工业企业，为企业提供全方位、全周期、全流程的云端业务服务。

针对大中型企业决策层，通过企业大脑的功能实现了企业在经营管理中进行资源优化和整合，支持企业高层管理人员及时准确地把握和调整企业发展方向，为企业科学决策提供支撑服务。企业大脑功能主要分为五大子系统：数据支撑系统、大脑工作台、四库引擎系统、三池资源系统、大脑应用系统。数据支撑支持跨平台异构数据实时或批量传输，兼容主流的 RDBMS、NoSQL 数据库、分布式文件系统，同时可以根据其他合作厂商提供的 API 接口爬取数据。大脑工作台重点应用于企业多维度横向定性和纵向定量展示。四库引擎为企业大脑运转提供核心功能库，企业决策层可直观地认识算法库、语料库、知识库和模型库具体搭建的基础平台和基础模型，方便决策层了解企业数据库推演的理论基础。三池资源为企业大脑运转提供知识池库，包括专利池、专家池和标准池。大脑应用为决策层提供统计报表服务、数据的多维度图表展示服务、数据管理服务以及辅助决策服务等，涉及的功能场景有客户、市场、计划供应、生产质量、能源能耗、财务、人力等。

面向管理经营层，能够实现内部系统之间的数据交换，目的是实现财务系统、业务系统、办公自动化(OA)系统等数据对接。业务层与企业外第三方系统产品之间可实现数据交互和应用集成两种对接方式，前者对包括物流运输数据查询等功能提供支撑，后者将第三方的功能和服务接入应用市场中。CMSS 基础业务系统以接口形式调用业务层的数据与功能，包括需求、订单、合同、产品等数据和功能。业务层是线上线下相结合的特殊服务功能层，可以满足各类企业深度参与云制造产业集群生态建设的现实需求。

面对业务人员，通过协同空间、个人空间、资源管理、任务管理四大功能暨平台上各类 APP、资源和任务，帮助用户快速构建云端工作环境。协同空间包括工作圈管理、协同工作台等功能，与任务管理功能一起实现 IPD 协同研制模式中的核心要素，即协同团队定义、任务和目标的分解/集成，以及团队协同；个人空间包括应用订阅、应用使用、应用订单三大功能，旨在为用户提供一站式集成应用环境；资源管理包括组织人员管理、工具服务管理和应用支撑环境、工程资源库，实现人员、工具系统、知识的统一管理，以及云端和本地的协同；任务管理包括任务规划、任务看板、任务统计等功能，实现产品研制全生命周期的任务规划、任务执行、可视化管理，为任务管理提供预警提醒、决策支持。基于云端应用工作室的任务管理板块获取待办任务、消息通知等信息，通过 API 调用协同类 APP 进行企业内协同计划、协同设计、协同生产、协同仿真、协同试验等工作；调用专业类 APP 实现智慧管控、智慧研发、智能制造、智能服务；通过应用工作室的资源共享管理、工具服务管理支撑企业的云制造模式落地实施。

各企业在研发过程中，从协同制造层获取研发需求，开展设计、仿真和试验等，基于云平台通用资源板块，在云端或线下使用 CAX 工具软件，从知识库获取相关知识和标准件、元器件模型，以及开展跨企业的协同研发应用。在生产过程中，向云平台传递工艺、主计划、设备状态、生产能力等信息，开展跨企业排产和工艺仿真等应用，生成的外协、外购计划发布至协同供应链板块进行供需对接，企业针对自制计划利用云平台进行工艺仿真和产线仿真等，形成优化、合理的生产计划和节拍，基于制造执行系统(MES)下发到工业现场，利用虚拟工厂监控生产运行过程，并在生产过程及时向云平台智慧管控板块更新交货期信息，反馈质量情况。另外，针对工业现场的设备、产线和高价值装备的运行、维护需求，可利用云平台的智能服务板块，获取装备在线保障、智能资产管控、故障诊断预测等应用。

面对上云企业，通过企业上云服务站为企业提供一站式上云服务，成为企业上云工程实施抓手，支持基于云平台的智能化改造服务。通过中小企业服务站为中小微企业提供融合物业空间、政务、创业辅导、技术咨询、营销推广、科技、金融等一站式科技创新服务。

面对数据价值挖掘，数据淘金具有知识图谱、知识检索、语义识别、人机交互等功能。数据淘金接入 INDICS 平台的 DaaS 层、平台及第三方应用、专家经验等数据，通过知识抽取、知识融合、知识存储等处理过程，形成知识图谱，支持第三方合作伙伴知识库的插入，同时通过建立人工智能(AI)自学习算法，系统可以根据用户的提问、现有的数据或者知识推导出新的知识，扩充系统的知识图谱。数据淘金系统架构的重点是知识图谱模块、问题分析/语义理解模块和知识检索模块。其主要功能有 2 个：①基于工业基础词库的分词和命名实体识别；②对用户问题进行意图识别和实体抽取。意图识别是要弄清楚用户到底要问什么，如是查询故障发生次数还是查询故障原因；实体抽取是这个意图下的具体槽位值，如问句是"上个月发电机故障次数是多少"，意图就是"查询故障次数"，故障名称的槽位值是"发电机故障"，时间的槽位值是"上个月"。通过 AI 自学习模块和关系抽取实现知识图谱的抽取。知识检索模块实现路径是首先对问题进行分类，按照用户输入的问题可分为事实型和列举型问题、定义型问题、交互式问题三类。

第 2 章　相关理论基础

工业互联网平台是工业云平台的延伸发展，其本质是在传统云平台的基础上叠加物联网、大数据、人工智能等新兴技术，实现工业技术、经验、知识的模型化、软件化、复用化，最终形成资源富集、多方参与、合作共赢、协同演进的制造业生态。本章主要以《工业大数据白皮书(2019 版)》《人工智能标准化白皮书(2018 版)》等为依据，阐述工业互联网技术的相关理论基础知识。

2.1　物　联　网

物联网是利用局部网络或互联网等通信技术把传感器、控制器、机器、人和物等通过新的方式连在一起，形成人与物、物与物相连，实现信息化、远程管理控制和智能化的网络。物联网是互联网的延伸，包括互联网及互联网上所有的资源，兼容互联网所有的应用，同时也具有个性化和私有化特性。从技术架构上来看，物联网可分为三层：感知层、网络层和应用层，如图 2-1 所示。

图 2-1　物联网技术架构

1. 感知层

感知层由各种传感器以及传感器网关构成，是物联网识别物体、采集信息的主要来源。

2. 网络层

网络层由各种私有网络、互联网、移动通信网络、网络管理中心和云计算平台等组成，相当于人的神经中枢和大脑，负责传递和处理感知层获取的信息。

3. 应用层

应用层是物联网和用户(包括人、组织和其他系统)的接口，它与行业需求结合，实现物联网的智能应用。

在物联网应用中有三项关键技术，即传感器技术、射频识别(RFID)标签技术和嵌入式系统技术。利用这些关键技术，物联网需完成设备接入、协议转换及边缘数据处理三个实现过程。

(1)设备接入：工业设备数据集成主要通过设备接入而实现，将采集到的设备数据通过网络层传输到工业互联网平台中得以应用。设备接入则是基于工业以太网、工业总线等工业通信协议，以太网、光纤等通用协议，3G/4G/5G、NB-IOT等无线协议将工业现场设备接入至平台边缘层。

(2)协议转换：协议转换一方面运用协议解析、中间件等技术兼容 ModBus、OPC、CAN、Profibus 等各类工业通信协议和软件通信接口，实现数据格式转换和统一；另一方面则利用 HTTP、MQTT 等方式从边缘侧将采集到的数据传输到云端，实现数据的远程接入。

(3)边缘数据处理：边缘数据处理又可理解为边缘计算，是基于高性能计算芯片、实时操作系统、边缘分析算法等技术支撑，在靠近设备或数据源头的网络边缘侧进行数据预处理、存储以及智能分析应用，提升操作响应灵敏度、消除网络堵塞，并与云端分析形成协同。

2.2　云计算技术

云技术是指在广域网或局域网内将硬件、软件、网络等系列资源统一起来，实现数据的计算、储存、处理和共享的一种托管技术。它是基于云计算商业模式应用的网络技术、信息技术、整合技术、管理平台技术、应用技术等的总称，可以组成资源池，按需所用，灵活便利。云技术的核心应用就是云计算。云计算是分布式处理、并行处理和网格计算的发展，是透过网络将庞大的计算处理程序自动分拆成无数个较小的子程序，再交由多部服务器所组成的庞大系统经计算分析之后将处理结果回传给用户。通过云计算技术，网络服务提供者可以在数秒之内处理数以千万计甚至亿计的信息，达到和"超级计算机"同样强大的网络服务。

云计算提供三种部署模式：公有云、私有云、混合云。

（1）公有云：公有云是指为外部客户提供服务的云。目前，典型的公有云有微软的 Windows Azure Platform、亚马逊 AWS、Salesforce.com，以及国内的阿里云、腾讯云等。对于使用者而言，公有云的特点是所提供的应用程序、服务及相关数据都存储在公有云服务器中，使用者无须做相应的投资和建设；但存在的问题是，由于数据存储在公共数据中心，不受使用者控制，其安全性存在一定的风险，而应用程序的可用性也存在不确定性。

（2）私有云：私有云是指企业独立部署的云，其所提供的服务仅供企业内部人员或分支机构使用。私有云的部署比较适合于有众多分支机构的大型企业或政府部门。随着这些大型企业数据中心的集中化，私有云将会成为他们部署 IT 系统的主流模式。相对于公有云来说，私有云部署在企业内部，因此其数据安全性、系统可用性都可由企业控制。但缺点是投资较大，尤其是一次性的建设投资。

（3）混合云：混合云是指供与客户共同部署的云，它所提供的服务既可以供别人使用，也可以供自己使用。相比较而言，混合云的部署方式对提供者的要求较高。

此外，云计算还提供三种层次的服务：基础设施即服务（IaaS）、平台即服务（PaaS）和软件即服务（SaaS），如图 2-2 所示。

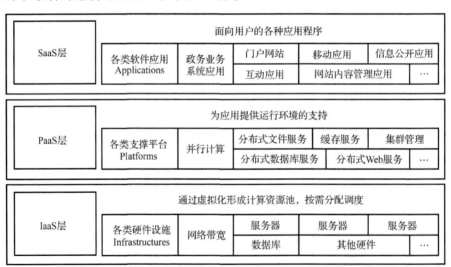

图 2-2　云计算三种层次的服务模式

（1）IaaS 层：IaaS（Infrastructure as a Service，基础设施即服务）是指把 IT 基础设施作为一种服务通过网络对外提供。在这种服务模型中，用户不用自己构建数据中心，而是通过租用的方式使用基础设施服务，包括服务器、存储和网络等，可以提供灵活的、可扩展的和低成本的服务模式。

（2）PaaS 层：PaaS（Platform as a Service，平台即服务）为用户提供将云端基础设施部署与创建至客户端，或者借此获得使用编程语言、程序库与服务。用户不需要管理与控制云端基础设施，如网络、服务器、操作系统或存储等，但需要控制上层的应用程序部署与应用托管的环境。PaaS 层将软件研发的平台作为一种服务，以软件即服务的模式交付给用户。PaaS 层提供软件部署平台，抽象掉了硬件和操作系统细节，可以无缝地扩展，而开发者只需要关注自己的业务逻辑，不需要关注底层架构。

（3）SaaS 层：SaaS（Software as a Service，软件即服务）是一种通过互联网提供软件的模式。软件供应商将应用软件统一部署在自己的服务器上，客户可以根据自己的实际需求，通过互联网向供应商定购所需的应用软件服务，按定购的服务多少和时长向供应商支付费用，并通过互联网获得供应商提供的服务。

2.3　工业大数据

工业大数据是指在工业领域中，围绕典型智能制造模式，从客户需求到销售、订单、计划、研发、设计、工艺、制造、采购、供应、库存、发货和交付、售后服务、运维、报废或回收再制造等整个产品全生命周期各个环节所产生的各类数据及相关技术和应用的总称。工业大数据以产品数据为核心，极大延展了传统工业数据范围，同时还包括工业大数据相关技术和应用，其技术架构如图 2-3 所示。

从技术层级上具体划分如下：

1. 数据采集层

数据采集层包括工业时序数据采集与治理、结构化数据采集与治理和非结构化数据采集与治理。海量工业时序数据具有 7×24 小时持续发送，存在峰值和滞后等波动、质量问题突出等特点，需要构建前置性数据治理组件与高性能时序数据采集系统。针对结构化与非结构化数据，需要构建同时兼顾可扩展性和处理性能的数据采集系统。数据采集层的数据源主要包括通过抽取、转换、加载（ETL）方式同步的企业生产经营相关的业务数据、实时或批量采集的设备物联数据和从外部获取的第三方数据。

工业大数据的采集主要是通过 PLC、SCADA、DCS 等系统从机器设备实时采集数据，也可以通过数据交换接口从实时数据库等系统以透传或批量同步的方式获取物联网数据。同时还需要从业务系统的关系型数据库、文件系统中采集所需的结构化与非结构化业务数据。

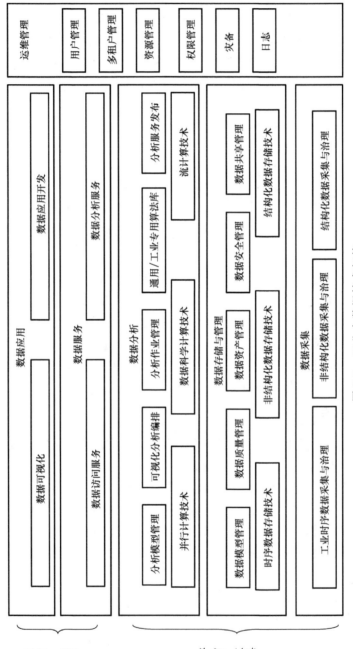

图 2-3　工业大数据技术架构

2. 数据存储与管理层

数据存储与管理层包括大数据存储技术和管理功能。利用大数据分布式存储的技术，构建在性能和容量都能线性扩展的时序数据存储、结构化数据存储和非结构化数据存储等。基于以上存储技术并结合工业大数据在数据建模、资产沉淀、开放共享等方面的特殊需求，构建数据模型管理、数据质量管理、数据资产管理、数据安全管理和数据共享管理技术体系。

工业大数据存储与管理技术是针对工业大数据具有多样性、多模态、高通量和强关联等特性，研发的面向高吞吐量存储、数据压缩、数据索引、查询优化和数据缓存等能力的关键技术，主要由多源异构数据管理技术和多模态数据集成技术两种。

1) 多源异构数据管理技术

多源异构数据是指数据源不同、数据结构或类型不同的数据集合。多源异构数据管理需要突破的是针对不同类型数据的存储与查询技术，并在充分考虑多源异构数据的来源和结构随着时间推移不断增加与变化的特定情况下，形成可扩展的一体化管理系统。多源异构数据管理技术可有效解决大数据管理系统中由模块耦合紧密、开放性差而导致的系统对数据多样性和应用多样性的适应能力差的问题，使大数据管理系统能够更好地适应数据和应用的多样性并能够充分利用开源软件领域强大的技术开发和创新能力。针对企业自身数据类型和特点，通过量体裁衣式的构件组合，能够帮助工业企业快速开发和定制适合自身需求的制造业大数据管理系统。

2) 多模态数据集成技术

针对工业领域在研发、制造和服务各个周期产生的多模态数据，如研发环节的非结构化工程数据、传统的企业信息管理系统、服务维修数据和产品服役过程中产生的机器数据等，及其存储分散、关系复杂的现状，需要实现统一数据建模，定义数字与物理对象模型，完成底层数据模型到对象模型映射。在多模态数据集成模型的基础上，根据物料、设备及其关联关系，按照分析管理的业务语义，实现多模态数据的一体化查询、多维分析，构建虚实映射的全生命周期数据融合模型。在多模态数据集成模型的基础上，针对多模态数据在语义与数据类型上的复杂性，实现语义模糊匹配技术的异构数据一体化查询。

3. 数据分析层

数据分析层包括基础大数据计算技术和大数据分析服务功能，其中基础大数据计算技术包括并行计算技术、流计算技术和数据科学计算技术。在此基础上构建完善的大数据分析服务功能来管理和调度工业大数据分析，通过数据建模、数据计算、数据分析形成知识积累，以实现工业大数据面向生产过程智能化、产品智能化、新业态新模式智能化、管理智能化以及服务智能化等领域的数据分析。大数据分析服务功能包括分析模型管理、可视化分析编排、分析作业管理、通用/工业专用算法库和分析服务发布。

工业数据的分析需要融合工业机理模型，以"数据驱动+机理驱动"的双驱动模式来进行工业大数据的分析，从而建立高精度、高可靠性的模型来真正解决实际的工业问题，主要有时序模式分析技术、工业知识图谱和多源数据融合分析技术三种典型技术。

1）时序模式分析技术

工业企业的设备通过传感器不断产生海量的时序数据，提供了如温度、压力、位移、速度、湿度、光线、气体等信息。对这些时序数据分析，可实现设备故障预警和诊断、利用率分析、能耗优化、生产监控等。工业时序数据的时间序列类算法主要分六种：①时间序列的预测算法，包括 ARIMA、GARCH 等；②时间序列的异常变动模式检测算法，包含基于统计的方法、基于滑动窗窗口的方法等；③时间序列的分类算法，包括 SAX 算法、基于相似度的方法等；④时间序列的分解算法，包括时间序列的趋势特征分解、季节特征分解、周期性分解等；⑤时间序列的频繁模式挖掘，典型时序模式智能匹配算法（精准匹配、保形匹配、仿射匹配等），包括 MEON 算法、基于 motif 的挖掘方法等；⑥时间序列的切片算法，包括 AutoPlait 算法、HOD-1D 算法等。

2）工业知识图谱

工业生产过程中会积累大量的日志文本，如维修工单、工艺流程文件、故障记录等，此类非结构化数据中蕴含着丰富的专家经验，利用文本分析的技术能够实现事件实体和类型提取（故障类型抽取）、事件线索抽取（故障现象、征兆、排查路线、结果分析），通过专家知识的沉淀实现专家知识库（故障排查知识库、运维检修知识库、设备操作知识库）。针对文本这类非结构化数据，数据分析领域已经形成了成熟的通用文本挖掘类算法，包括分词算法（如 POS tagging、实体识别）、关键词提取算法（如 TD-IDF）、词向量转换算法、词性标注算法（如 CLAWS、VOLSUNGA）、主题模型算法（如 LDA）等。但在工业场景中，这些通用的文本分析算法，由于缺乏行业专有名词（专业术语、厂商、产品型号、量纲等）、语境上下文（包括典型工况描述、故障现象等），分析效果欠佳。这就需要构建特定领域的行业知识图谱（工业知识图谱），并将工业知识图谱与结构化数据图语义模型融合，可以进行更加灵活的查询和一定程度上的推理。

3) 多源数据融合分析技术

在企业生产经营、营销推广、采购运输等环节中，会产生大量的管理经营数据和来自企业外部的物流、行业和政府等数据，这些数据包含众多不同来源的结构化和非结构化数据。通过对这些多源数据的分析，能够极大地提高企业的生产加工能力、质量监控能力、企业运营能力、市场营销能力、风险感知能力等。针对多源数据分析的技术主要包括统计分析算法、深度学习算法、回归算法、分类算法、聚类算法、关联规则等。可以通过不同的算法对不同的数据源进行独立分析，并通过对多个分析结果的统计决策或人工辅助决策，实现多源融合分析。也可以从分析方法上实现融合，例如，通过非结构化文本数据语义融合构建具有制造语义的知识图谱，完成其他类型数据的实体和语义标注，通过图模型从语义标注中找出跨领域本体相互间的关联性，可以用于识别和发现工业时序数据中时间序列片段对应的文本数据（维修报告）上的故障信息，实现对时间序列的分类决策。

4. 数据服务层

数据服务层是利用工业大数据技术对外提供服务的功能层，包括数据访问服务和数据分析服务。其中数据访问服务对外提供大数据平台内所有原始数据、加工数据和分析结果数据的服务化访问接口和功能；数据分析服务对外提供大数据平台上积累的实时流处理模型、机理模型、统计模型和机器学习模型的服务化接口。数据服务层提供平台各类数据源与外界系统和应用程序的访问共享接口，其目标是实现工业大数据平台的各类原始、加工和分析结果数据与数据应用及外部系统的对接集成。

5. 数据应用层

数据应用层主要面向工业大数据的应用技术，包括数据可视化技术和数据应用开发技术。综合原始数据、加工数据和分析结果数据，通过可视化技术，将多来源、多层次、多维度数据以更为直观简洁的方式展示出来，易于用户理解分析，提高决策效率。综合利用微服务开发框架和移动应用开发工具等，基于工业大数据管理、分析技术快速实现工业大数据应用的开发与迭代，构建面向实际业务需求的、数据驱动的工业大数据应用，实现提质降本与增效。数据应用层通过生成可视化、告警、预测决策、控制等不同的应用，从而实现智能化设计、智能化生产、网络化协同制造、智能化服务和个性化定制等典型的智能制造模式，并将结果以规范化数据形式存储下来，最终构成从生产物联设备层级到控制系统层级、车间生产管理层级、企业经营层级、产业链上企业协同运营管理的持续优化闭环。

此外，运维管理层也是工业大数据技术参考架构的重要组成，贯穿从数据采集到最终服务应用的全环节，为整个体系提供管理支撑和安全保障。

2.4 人 工 智 能

人工智能指研究开发用于模拟、延伸和扩展人的智能的理论、方法、技术及应用系统的一门新的技术科学。它利用数字计算机或者数字计算机控制系统延伸和扩展人的智能，感知环境、获取知识并使用知识获得最佳结果的理论、方法、技术及应用系统，其架构如图 2-4 所示。

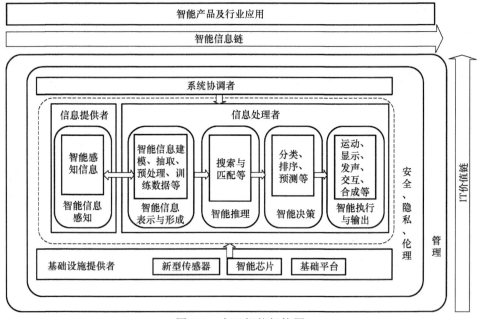

图 2-4　人工智能架构图

图 2-4 提供了基于"角色—活动—功能"的层级分类体系，从"智能信息链"（水平轴）和"IT 价值链"（垂直轴）两个维度阐述了人工智能系统框架。"智能信息链"反映智能信息感知、智能信息表示与形成、智能推理、智能决策、智能执行与输出的一般过程。在这个过程中，智能信息是流动的载体，经历了"数据—信息—知识—智慧"的凝练过程。"IT 价值链"从人工智能的底层基础设施、信息（提供和处理技术实现）到系统的产业生态过程，反映了人工智能为信息技术产业带来的价值。此外，人工智能系统还有其他非常重要的框架构件，即安全、隐私、伦理和管理。人工智能系统主要由基础设施提供者、信息提供者、信息处理者和系统协调者四个角色组成。

人工智能领域的关键技术主要包括机器学习、知识图谱、自然语言处理、人机交互、计算机视觉、生物特征识别、虚拟现实/增强现实等。

1. 机器学习

机器学习是一门涉及统计学、系统辨识、逼近理论、神经网络、优化理论、计算机科学、脑科学等诸多领域的交叉学科，研究计算机怎样模拟或实现人类的学习行为，以获取新的知识或技能，重新组织已有的知识结构使之不断改善自身的性能，是人工智能技术的核心。基于数据的机器学习是现代智能技术中的重要方法之一，研究从观测数据(样本)出发寻找规律，利用这些规律对未来数据或无法观测的数据进行预测。根据学习模式，可将机器学习分为监督学习、无监督学习和强化学习等。根据学习方法，还可将机器学习分为传统机器学习和深度学习。

2. 知识图谱

知识图谱可以理解为结构化的语义知识库，是一种由节点和边组成的图数据结构，以符号形式描述物理世界中的概念及其相互关系，其基本组成单位是"实体—关系—实体"三元组，以及实体及其相关"属性—值"对。不同实体之间通过关系相互连接，构成网状的知识结构。在知识图谱中，每个节点表示现实世界的"实体"，每条边为实体与实体之间的"关系"。知识图谱可用于反欺诈、不一致性验证、组团欺诈等公共安全保障领域，需要用到异常分析、静态分析、动态分析等数据挖掘方法。特别地，知识图谱在投索引擎、可视化展示和精准营销方面有很大的优势。

3. 自然语言处理

自然语言处理是计算机科学领域与人工智能领域中的一个重要方向，用以研究人与计算机之间用自然语言进行有效通信的各种理论和方法,涉及的领域较多，主要包括机器翻译、机器阅读理解和问答系统等。自然语言处理面临四大挑战：①在词法、句法、语义、语用和语音等不同层面存在不确定性；②新的词汇、术语、语义和语法导致未知语言现象的不可预测性；③数据资源的不充分使其难以覆盖复杂的语言现象；④语义知识的模糊性和错综复杂的关联性难以用简单的数学模型描述，语义计算需要参数庞大的非线性计算。

4. 人机交互

人机交互主要研究人和计算机之间的信息交换，主要包括人到计算机和计算机到人的两部分信息交换，是人工智能领域重要的外围技术。人机交互是与认知心理学、人机工程学、多媒体技术、虚拟现实技术等密切相关的综合学科。传统的人与计算机之间的信息交换主要依靠交互设备进行，主要包括键盘、鼠标、操纵杆、数据服装、眼动跟踪器、位置跟踪器、数据手套、压力笔等输入设备，以及打印机、绘图仪、显示器、头盔式显示器、音箱等输出设备。人机交互技术除了传统的基本交互和图形交互外，还包括语音交互、情感交互、体感交互及脑机交互等技术。

5．计算机视觉

计算机视觉是使用计算机模仿人类视觉系统的科学，让计算机拥有类似人类提取、处理、理解和分析图像以及图像序列的能力。自动驾驶、机器人、智能医疗等领域均需要通过计算机视觉技术从视觉信号中提取并处理信息。近来随着深度学习的发展，预处理、特征提取与算法处理渐渐融合，形成端到端的人工智能算法技术。根据解决的问题，计算机视觉可分为计算成像学、图像理解、三维视觉、动态视觉和视频编解码五大类。

6．生物特征识别

生物特征识别技术是指通过个体生理特征或行为特征对个体身份进行识别认证的技术。从应用流程看，生物特征识别通常分为注册和识别两个阶段。注册阶段通过传感器对人体的生物表征信息进行采集，如利用图像传感器对指纹和人脸等光学信息、麦克风对说话声等声学信息进行采集，利用数据预处理以及特征提取技术对采集的数据进行处理，得到相应的特征进行存储。识别过程采用与注册过程一致的信息采集方式对待识别人进行信息采集、数据预处理和特征提取，然后将提取的特征与存储的特征进行比对分析，完成识别。从应用任务看，生物特征识别一般分为辨认与确认两种任务，辨认是指从存储库中确定待识别人身份的过程，是一对多的问题；确认是指将待识别人信息与存储库中特定的单人信息进行比对，确定身份的过程，是一对一的问题。生物特征识别技术涉及的内容十分广泛，包括指纹、掌纹、人脸、虹膜、静脉、声纹、步态等多种生物特征，其识别过程涉及图像处理、计算机视觉、语音识别、机器学习等多项技术。目前生物特征识别作为重要的智能化身份认证技术，在金融、公共安全、教育、交通等领域得到了广泛的应用。

7．虚拟现实/增强现实

虚拟现实（VR）/增强现实（AR）是以计算机为核心的新型视听技术。结合相关科学技术，在一定范围内生成与真实环境在视觉、听觉、触感等方面高度近似的数字化环境。用户借助必要的装备与数字化环境中的对象进行交互，相互影响，获得近似真实环境的感受和体验，通过显示设备、跟踪定位设备、触力觉交互设备、数据获取设备、专用芯片等实现。虚拟现实/增强现实从技术特征角度，按照不同处理阶段，可以分为获取与建模技术、分析与利用技术、交换与分发技术、展示与交互技术以及技术标准与评价体系五个方面。

1) 获取与建模技术

获取与建模技术研究如何把物理世界或者人类的创意进行数字化和模型化，难点是三维物理世界的数字化和模型化技术。

2) 分析与利用技术

分析与利用技术重点研究对数字内容进行分析、理解、搜索和知识化，其难点在于内容的语义表示和分析。

3) 交换与分发技术

交换与分发技术主要强调各种网络环境下大规模的数字化内容流通、转换、集成和面向不同终端用户的个性化服务等，其核心是开放的内容交换和版权管理技术。

4) 展示与交互技术

展示与交换技术重点研究符合人类习惯数字内容的各种显示技术及交互方法，以期提高人对复杂信息的认知能力，其难点在于建立自然和谐的人机交互环境。

5) 技术标准与评价体系

技术标准与评价体系重点研究虚拟现实/增强现实基础资源、内容编目、信源编码等的规范标准以及相应的评估技术。

第3章 云端应用开发工具

云端应用开发工具是为云端的工业 APP 开发者打造的、基于数据驱动模式的云端应用敏捷开发集成工具包及管理工具。本章简述云端应用的快速开发工具，详细功能介绍及操作指导请参见《INDICS 工业互联网平台系列培训教程：APP 应用及开发环境教程》。

3.1 产 品 概 述

云端应用开发工具提供从开发环境到开发工具再到部署上线的全方位服务，基于平台设备接入 API，支持实时展示设备数据，同时，提供丰富可扩展的平台流程、模型、仿真等 API，作为平台上行应用开发类 API 可对外提供 API 服务，方便用户快速定制设备监控和运维 APP，满足云端工业应用快速构建。云端应用开发工具支持航空航天、石油化工、电力装备、节能环保等十大行业设备状态监控、预测性故障诊断、企业运营优化、智能产品管控等应用场景，提升企业开发效率，降低开发成本，加速企业知识共享，其技术架构如图 3-1 所示。

图 3-1　云端应用开发工具技术架构图

3.2　目　标　用　户

云端应用开发工具主要面向工业 APP 开发者提供全流程的设计、开发及运维管理。

3.3　主　要　功　能

云端应用开发工具打造了云端应用开发集成环境，能够实现基于云的应用程序的快速开发和运行。通过拖拽、配置的方式，完成设备数据监控相关的 Web 页面开发，支持绑定物联网设备相关属性状态、事件、报警等数据，与平台无缝集成，并集成了组态模型、算法模型、流程模型、产线仿真模型等多种微服务组件。产品开发完毕后，可完全托管在云端，开发完毕无须部署可以立即发布及使用，如图 3-2 所示。

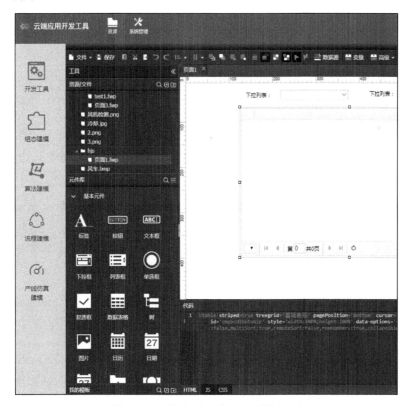

图 3-2　云端应用开发工具系统界面

　　云端应用开发工具可提供组态建模、算法建模、流程建模和产线仿真建模等产品开发功能。此外，还可通过可视化的界面，支持应用的快速构建。

　　云端应用开发工具主要功能如下所示。

　　1. 可视化集成开发

　　设计即开发，以图形化方式进行集成开发、敏捷开发、激发软件开发的创造力。

　　2. 数据+界面

　　提供可视化模型编辑，实时数据可视化监测，提供模型快速开发搜索功能，提供报警显示功能。

　　3. 数据+算法+界面

　　支持挖掘分析，支持拖拽式可视化数据分析，支持模型创建及查看。

　　4. 数据+流程+模型+界面

　　支持在线流程定义管理，支持在线可视化流程设计，支持流程任务、实例、历史管理功能。

　　5. 数据+模型+界面

　　产线虚拟孪生系统组态化构建，工厂布局生产流程及物流仿真，生产过程透明化管理。

　　此外，云端应用开发工具还集成了丰富的微服务组件，主要包括快速开发平台、组态建模、算法建模、流程建模及产线仿真建模五大子模块。

　　6. 灵活可扩展平台 API

　　开发工具底层调用了平台下行设备接入类、标识类、安全类等 API，实现底层设备、产品、服务的无缝接入，对上提供可扩展的数据服务类、流程类、组态类、算法模型、仿真模型等多种平台可扩展的 API，开发者可基于平台 API 快速定制 APP 应用。

3.4　产 品 特 点

　　云端应用开发工具利用 INDICS 平台的基础 IaaS 层资源，与 DaaS 层数据打通，基于 PaaS 层资源构建；同时通过 API、数据连接、组件功能和管理能力集成等手段，实现与 INDICS 平台的融合。云端应用开发工具的逻辑架构和集成架构如图 3-3 所示。

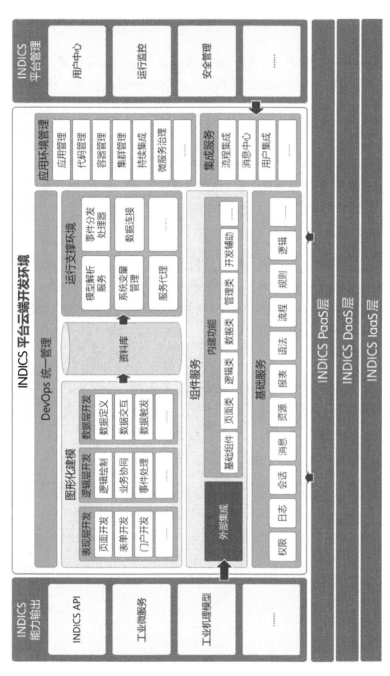

图 3-3　云端应用开发工具的逻辑架构和集成架构

3.5　应　用　场　景

快速开发平台主要面向工业 APP 开发者提供开发全流程管理。他们不必具备较高的软件开发，特别是代码编写能力。其应用场景覆盖设备智能服务、企业经营管理、云端协同研发等领域。

1. 设备智能服务

利用设备机理模型 API、设备运行监控数据、设备专家知识等，在云端应用开发工具之上开发设备运行优化（包含数据监测、状态监测）、设备故障诊断（包含劣化预测）、设备专家系统等。

2. 企业经营管理

科学的企业经营管理主要基于数据分析的决策和流程控制。云端应用开发工具分别从数据分析和流程控制两个方面提供相应 APP 的开发能力。最终实现的 APP 可以覆盖财务、资金、经营、生产、预算、风控、资产、考核、采购、销售、决策等企业经营管理的各个方面。

3. 云端协同研发

云端协同研发主要解决多组织、多团队、多条线、多任务之间的任务协同、资源调配、成果共享、相互依赖、工期编排、风险监测、成本控制等问题。除协同支撑能力之外，云端应用开发工具需要拥有强大的流程集成和数据集成能力。

第 4 章　云端应用运行管理工具

云端应用运行管理工具是一款为企业应用提供运行环境及相关支持能力的平台。它不仅能为企业提供快速一站式应用部署/运行服务，还能实现企业业务应用全生命周期平台化管理。

4.1　产　品　概　述

云端应用运行管理工具是基于 Kubernetes + Docker 实现的 PaaS 平台，实现了应用可视化多方式快速部署，支持持续交付、弹性伸缩、实例(数据库、存储、中间件)管理、自动运维等多项功能，满足一站式部署和运维容器应用的需求，让开发者可以专注于业务逻辑的实现，而无须理解后端逻辑及服务器运维知识。同时，运行管理工具提供应用和中间件发布、部署、升级等全生命周期平台 API，作为平台上行应用类 API 提供平台服务，支持云化原生应用、微服务应用、大数据分析应用、第三方应用等多种应用的快速迁移和部署，降低开发门槛，提高开发效率，其业务架构如图 4-1 所示。

4.2　目　标　用　户

云端应用运行管理工具的目标用户主要分为开发者和企业，其中开发者指技术开发、运维、业务/运营等人员，用户特征如下所示。

(1)技术开发人员：具备技术开发能力的研发人员可以部署/运行应用，使用工具的数据库、存储、中间件等运行组件来开发应用，并进行持续交付、运维管理等。

(2)运维人员：运维人员可以通过此工具，对部署的应用进行指标监控和运维管理等操作。

(3)业务/运营人员：不具备技术开发能力的人员可进行简单的应用部署和监控工作，若使用定制化版，则这类人员主要操作管理端进行资源监控、分配和运营管理。

(4)企业：具备自建数据中心，有私有化部署需求和专有内网部署需求的公司企业和集团，可以使用管理端自主监管资源和运营。

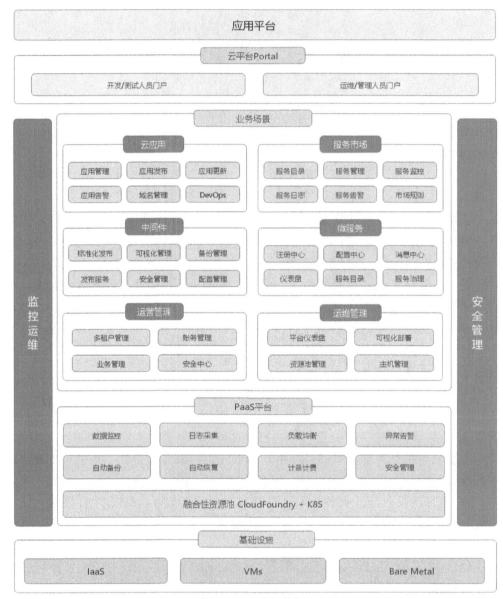

图 4-1　业务架构图

4.3　主要功能

　　云端应用运行管理工具为开发者提供多种类型应用云化运行的基础环境，利用此工具可以进行快速的部署应用，创建应用运行相关的公共服务组件(存储、数据库、中间件等），并在应用运行、部署过程中保障稳定性、可靠性、扩展性、敏捷性，提供应用运行的基本运维服务，实现企业应用从开发、测试、部署到运维的全生命周期平台化管理。同时，还提供容器化中间件、数据库等运行组件及可视化智能运维和持续交付功能支撑，为企业开发者在应用发布、部署及运维方面提供极大的便捷。

云端应用运行管理工具平台可以查看当前项目的全局资源。项目总览页以仪表盘形式展示当前项目的实例数量、资源用量、负载情况、健康度和告警等全局性的信息，如图 4-2 和图 4-3 所示。

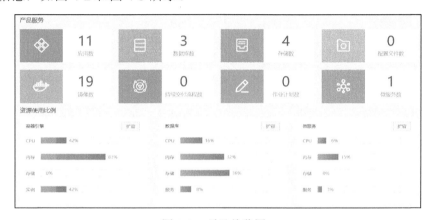

图 4-2　项目总览图 a

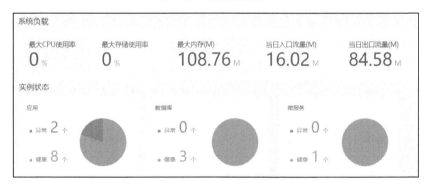

图 4-3　项目总览图 b

除此之外，云端应用运行管理工具还包括应用部署、持续交付、弹性伸缩、镜像仓库、容器化服务、实例管理、微服务应用与组件和智能运维八大功能，如图 4-4 所示。

1．应用部署

INDICS 平台提供八种基础运行时环境，使第三方应用可以通过可视化界面快速云化部署。

图 4-4　容器引擎系统界面

2．持续交付

持续交付提供构建、测试、部署等任务，使软件产品的产出过程在一个短周期内完成，以保证软件可以稳定、持续地保持在随时可以发布的状态。

3．弹性伸缩

弹性伸缩可以手动或自动对容器、实例的资源进行动态调整，以保证应用在运行高峰时资源有足够的能力支撑，在低谷时释放资源以节约成本。

4．镜像仓库

镜像仓库提供运行时环境、数据库、文件存储、中间件等基础公有镜像，支持用户推送创建私有镜像，可在创建应用时直接拉取使用，具备安全的镜像托管能力。

5．容器化服务

容器化服务提供高性能可伸缩的容器应用管理服务。

6．实例管理

实例管理可以对文件存储、对象存储、数据库、中间件、大数据组件等进行实例创建和管理。

7．微服务应用与组件

微服务应用与组件支持微服务应用的云化部署，提供微服务组件服务，包括注册中心、配置中心、消息总线等。

8.　智能运维

智能运维提供自动作业、监控告警等运维服务。

4.4　产品特点

综合上述,从多种组件资源的功能与应用来看,云端应用运行管理工具产品功能设计,包括了完整的应用基础部署功能、组件应用、资源调度支撑能力等,并将完整的流程关联在一起,与其他平台产品对比,具备如下优势。

1.　快速部署

通过云端应用运行管理工具,可以使用多种方式把应用部署到云端。云端应用运行管理工具还提供了多种语言的运行时环境,以支持第三方应用的部署或迁移。

2.　自动运维

云端应用运行管理工具具备自动监控、告警、故障预警、诊断、权限控制等多个运维功能,基本实现自动化,为用户降低运维成本,使运维更准确、稳定与安全。

3.　状态监控

云端应用运行管理工具对应用、数据库、存储、中间件等基础服务的状态进行实时监控,对底层的容器服务也可以进行状态监控,由此可以及时发现并解决问题。

4.　弹性伸缩

根据应用运行状态、调用量、网络流量、响应时间及接口状态等信息,云端应用运行管理工具可以自动进行资源配置调整、数据备份、容器自启动,具备规则自动部署及状态保持、容器级别的故障自愈等功能,保证了应用运行的稳定性及可靠性。

5.　可视化

云端应用运行管理工具具备应用生命周期全流程可视化管理能力,可以通过简单的步骤,实现应用部署与运行,操作流程更简洁,应用部署更直观。

6.　底层框架能力完善

云端应用运行管理工具同时具备 CF 与 K8S 两种框架,对底层的支撑能力上存在多能力多技术支持。

此外，云端应用运行管理工具还具备如下特性。

(1)容器引擎：以应用为中心，提供配置、存储、镜像仓库等完整的容器引擎模块，支持应用的弹性伸缩、高可用、负载均衡等特性。

(2)持续集成/交付：通过可视化的流水线设计任务，对构建、测试、部署等各类任务做流程化设计，一键完成持续集成/交付工作。

(3)中间件：内置常用中间件如 Redis、MQTT 等，支持应用级的监控和安全审计；多样化的数据库类型如 MySQL、MongoDB 等，提供丰富的配置管理项，支持扩容、备份还原、监控等。

(4)智能运维：应用层面实现负载均衡、弹性扩容、故障自动恢复等功能，并配备监控告警、健康检查和自动化作业平台等智能化运维工具。

4.5　产　品　资　源

4.5.1　数据存储资源

1. 文件存储

INDICS 平台文件存储提供可扩展、高性能、高可靠的文件存储服务，可以自由扩展容量，多副本与底层技术优化保证了高性能，支持可视化操作，以及与其他应用进行绑定，对应用运行提供有效支持。

INDICS 平台主要功能如下所示。

(1)无缝集成：支持界面化应用、服务绑定。

(2)应用支持：多个计算节点可通过同时挂载一套文件系统，实现操作系统间的文件共有存储及高效共享。

(3)弹性扩展：可以支持手动扩展或自动扩展。

(4)完全托管：提供 API 及 Web 控制台，方便用户轻松创建和管理文件系统，省去本地搭建与运维成本。

INDICS 平台优势如下所示。

(1)可扩展性：可以动态调整存储空间大小。

(2)高可靠性：通过高可靠架构，保证数据持久度。

(3)高易用性：提供可视化管理页面及访问地址，便于管理。

(4)多副本：可以创建多副本，保证数据的高效、安全与稳定。

2. OpenTSDB

OpenTSDB 是一个分布式、可伸缩的时序数据库，它基于 HBase 提供海量时序数据存储服务，特别适合 TB/PB 级别时间序列数据的实时存储和快速查询，支持时间序列数据的插值、降精度、聚合等操作，如图 4-5 所示。

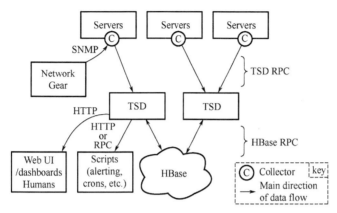

图 4-5　OpenTSDB 技术架构图

OpenTSDB 产品具有数据高效读写、集群扩容、时序数据处理等功能。

（1）数据高效读写：OpenTSDB 产品提供时序数据高效读写服务，可达百万级数据实时读写性能。

（2）集群扩容：OpenTSDB 产品提供扩容服务，通过增加节点数、中央处理器（CPU）、内存等资源提升产品性能。

（3）时序数据处理：OpenTSDB 产品支持时序数据插值、降精度、聚合等一系列操作。

此外，OpenTSDB 产品具有如下优势及特点。

（1）高并发存储能力：以 HBase 为底层存储架构，支持百万级高并发时序数据读写需求。

（2）高数据可靠性：基于 Hadoop 分布式文件系统（HDFS）多重备份的机制，保证数据的可靠性。

3．MySQL 单机版

MySQL 是专业化的高性能、高可靠云数据库服务，提供简易方便的 Web 界面管理、可靠的数据备份和恢复、完备的安全管理、完善的监控等功能，其架构如图 4-6 所示。作为应用广泛的数据库，它体积小、速度快、开发成本低，具备可视化操作页面，也支持数据库工具进行复杂操作，并提供容器化运行能力。

MySQL 单机版主要包含数据存储、数据管理、数据分发和数据处理四大功能。

（1）数据存储：支持多种方式，提供数据接入。

（2）数据管理：可以通过可视化控制台，对数据进行管理。

图 4-6　MySQL 单机版业务架构图

（3）数据分发：支持企业应用多种方式访问存储资源。

（4）数据处理：提供文件简单处理功能及权限管理功能。

MySQL 单机版可应用于电商、网站及大数据应用等业务场景，其产品优势如下所示。

（1）高可用：主从架构能够进行监控、诊断、故障自修复，可提供全面的自动化运维保证。

（2）高规格：全固态盘本地磁盘存储，支持最大 64GB 内存、1TB 以上磁盘的数据库实例，轻松应对高并发、大规模数据处理需求。

（3）多实例：多个实例保障数据库的稳定性，性能上有所保障。

（4）简单易用：支持数据库弹性扩容与按需付费购买形式，灵活应对成本压力；具有数据迁移、可视化管理等多款工具，有效降低使用门槛。

4. 数据存储 MongoDB

MongoDB 是一个基于分布式文件存储的数据库系统，提供高可靠、高弹性、免运维的云上文档数据库服务。在高负载的情况下，添加更多的节点，可以保证服务器性能，旨在为企业应用提供可扩展的高性能数据存储解决方案。

MongoDB 主要有以下几大功能。

（1）架构灵活：基础架构灵活，可以选择单节点或多节点分布式集群，故障自动迁移。

（2）数据生态：支持大数据规则引擎接入，支持大数据分析工具。

（3）可视化管理：提供可视化 Web 管理，简单易用，系统自动升级至最新可靠版本。

MongoDB 可在互联网、工业互联网及大数据应用等业务场景应用，其产品优势如下所示。

(1)弹性扩容：根据业务需求，可以变更实例配置，即变更实例规格、存储空间、节点数量。

(2)数据备份：可以随时发起数据备份操作，支持物理备份和逻辑备份。

(3)快速启动：容器化运行，响应速度加快。

(4)全面监控：提供多种系统性能监控项，包括磁盘容量、连接数、CPU 利用率、网络流量等。

5. 存储数据库 Cassandra

Cassandra 是一款分布式的结构化数据存储方案，是一款混合型的非关系数据库，分布式的 NoSQL 数据库具备良好的扩展性，存储结构更丰富，适合做数据分析或数据仓库这类需要迅速查找且数据量大的应用。Cassandra 已成为流行的分布式结构化数据存储处理方案。

Cassandra 具有列表数据结构和分布式写操作两大功能。

(1)列表数据结构：在混合模式下可以将超级列添加到五维。

(2)分布式写操作：可以在任何地方、任何时间集中读或写任何数据，并且不会有任何单点失败。

Cassandra 具有如下优势。

(1)模式灵活：可在系统运行时随意添加或移除字段，在大型部署上，可以提升效率。

(2)可扩展性：Cassandra 是纯粹意义上的水平扩展。为给集群添加更多容量，可以定向指向硬件资源。不必重启任何进程，就可改变应用查询，或手动迁移任何数据。

(3)多数据中心：可以调整节点布局。当一个节点出现问题时，其他节点会自动复制数据。

(4)范围查询：可以设置键的范围来查询。

6. 关系型数据库 PostgreSQL

PostgreSQL 是一个自由的对象-关系数据库服务器(数据库管理系统)，它提供了相对其他开放源代码数据库系统和专有系统之外的另一种选择，具有专业化的高性能和高可靠性，提供了简易方便的 Web 界面管理、完备的安全管理。

PostgreSQL 具有如下功能。

(1)架构灵活：基础架构灵活，可以选择单节点或多节点分布式集群，故障自动迁移。

(2)数据生态：支持大数据规则引擎接入，支持大数据分析工具。

(3)可视化管理：提供可视化 Web 管理，简单易用，系统主动升级至最新可靠版本。

PostgreSQL 产品优势如下所示。

(1)可兼容性：支持 NoSQL 兼容，支持 SQL 操作。

(2)高可靠性：对数据进行多重备份，保证数据存储无忧。

(3)操作便捷：提供网页版数据库管理，通过可视化界面的方式将操作流程变简单。

(4)安全性：实现了单点登录系统，实现用户身份认证、数据的访问控制和灾备方案的设计。

7. 关系型数据库 Neo4j

Neo4j 是一个嵌入式的、基于磁盘的、具备完全的事务特性的 Java 持久化引擎，但是它将结构化数据存储在网络(从数学角度称为图)上而不是表中，具备完全的事务特性、企业级数据库的所有优点。

Neo4j 具有如下功能。

(1)新的数据模型约束机制：节点键功能允许确定一组属性，这些属性对于一个指定的标签来说是强制性和唯一性的。它们的目的是通过拒绝重复来确保图形的完整性。

(2)基于 Kerberos 的安全模块组件：Kerberos 是网络认证协议，允许网络节点通过网络证明其身份。它通过使用密钥分配中心(KDC)来确保客户端身份正确。Neo4j 的 Kerberos 的安全模块组件提供身份验证，并应结合其他服务，如 Active Directory 或 LDAP(lightweight directory access protocol，轻型目录访问协议)，授权使用。

(3)支持 RPM(Red-Hat package manager，RPM 软件包管理器)方式安装：新版本在企业版和社区版上都重新提供了 RPM 来改进安装体验，同时 Microsoft Azure 和 Amazon Web Services 上都已经有 Neo4j 的云套件。

Neo4j 具有如下优势。

(1)快速：数据量较大，在 MySQL 中存储的话需要许多表，并且表之间联系较多，也可以快速处理与操作。

(2)清晰：数据更直观，相应的 SQL 语句也更简单直接。

(3)灵活：不管有什么新的数据需要存储，都是节点和边，只需要考虑节点属性和边属性。

(4)稳定：数据库操作的速度并不会随着数据库的增大有明显的降低。

8. 时间序列数据库 influxDB

时间序列数据库 influxDB 是一个开源的时序数据库，使用 GO 语言开发，特别适用于处理和分析资源监控数据类的时序相关数据。它自带的各种特殊函数如求标准差、随机取样数据、统计数据变化比等，使数据统计和实时分析变得十分方便。

influxDB 具有如下功能。

(1)时序性：与时间相关的函数的灵活使用(如最大、最小、求和等)。

(2)度量：对实时大量数据进行计算。

(3)事件：支持任意的事件数据，换句话说，任意事件的数据都可以进行操作。

influxDB 具有如下优势。

(1)无结构：Schemaless 数据可以是任意数量的列。

(2)多函数：包括 min、max、sum、count、mean、median 等一系列函数，方便统计。

(3)易使用：简易高效的 HTTP API 读写接口。

(4)易管理：Built-in Explorer 自带管理工具。

4.5.2　中间件资源

1. 缓存服务 Memcache、Redis

INDICS 平台缓存服务是一种高性能、高可靠、可平滑扩容的分布式内存数据库服务，具有缓存申请、缓存监控、缓存扩容和缓存管理等功能，如图 4-7 所示。INDICS 平台缓存服务提供丰富的数据结构可协助完成不同类型的业务场景开发，支持主从设备，提供自动容灾切换、数据备份、故障迁移、实例监控、在线扩容、数据回档等全套的数据库服务。

INDICS 平台缓存服务可用于静态数据缓存、频繁访问数据缓存以及电商活动等业务场景，具有如下功能。

(1)缓存扩容：当存储容量不足时，只需要通过云数据库的Web 管理中心，通过单击操作实现一键扩容，扩容后的实例将继承原有实例的 IP 和全部配置，后续将会实现自动扩容。不需要通过程序控制进行扩容操作，也不需要担心扩容过程中出现问题，整个过程中业务访问无感知。

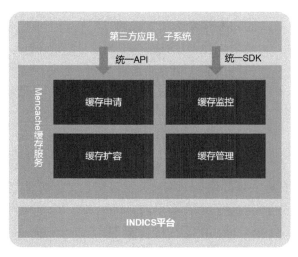

图 4-7　INDICS 平台缓存服务架构图

（2）缓存管理：提供 Web 的方式管理实例。新建、备份、回档等操作均在 Web 管理控制台完成，交互方式简易，同时提供专门的工具对数据进行导入导出。每个任务都会归集到任务中心，任务的进度通过进度条进行查看，简单易懂。无须开发脚本程序去完成管理运维操作，节省大量的开发时间。

（3）容灾备份：具有自动备份数据和手动备份数据功能，保证数据的完整性和安全性，使用户放心地使用缓存信息。

INDICS 平台缓存服务具有如下优势。

（1）开箱即用：用户购买之后即刻可用，方便业务快速部署。

（2）便捷管理：全 Web 化管理，丰富的监控统计信息，提升运维效率；立体化监控，提前规避运行风险。

（3）稳定可靠：高可用、高可靠、高容量、高性能。

（4）缓存监控：可视化的数据展示，而且当故障发生时，能快速定位问题。

2. 消息队列 RabbitMQ

RabbitMQ 是采用 Erlang 语言实现的消息中间件，用于在分布式系统中存储转发消息，其应用在很多行业，具有高可靠、易扩展、高可用及丰富的功能特性。

RabbitMQ 具有如下功能。

（1）Erlang 开发：AMQP 的最佳搭档，在支持持久化的消息队列中性能较优；支持消息持久化、支持消息确认机制、灵活的任务分发机制等，支持功能非常丰富。

（2）可靠性高：集群易扩展，并且可通过增加节点实现成倍的性能提升。

（3）Web 管理和监控：有些技术人员更喜欢命令行界面，但 Web 管理为后期运维提供很大的便利。

RabbitMQ 具有如下优势。

（1）易操作：安装部署简单，上手门槛低，功能丰富，符合 AMQP 标准。

（2）高性能：企业级消息队列，经过大量实践证明，具有可靠性。

（3）易扩展：集群易扩展，可以轻松地增减集群节点。

（4）可视化：有强大的 Web 管理页面。

3. 消息服务器 emqttd

emqttd 为大规模设备连接的物联网、车联网、智能硬件、移动推送、移动消息等应用提供一个完全开放源码，安装部署简便、企业级稳定可靠、可弹性扩展、易于定制开发的基于 Erlang/OTP 平台的开源物联网 MQTT 消息服务器。Erlang/OTP 是出色的软实时（Soft-Realtime）、低延时（Low-Latency）、分布式（Distributed）的语言平台。MQTT 是轻量的（Lightweight）、发布订阅模式（Pub-Sub）的物联网消息协议。

emqttd 具有如下功能。

(1)可靠传输：MQTT 可以保证消息可靠安全地传输，并可以与企业应用简易集成。

(2)消息推送：支持消息实时通知、丰富的推送内容、灵活的 Pub-Sub 以及消息存储和过滤。

(3)低带宽、低耗能、低成本：占用移动应用程序带宽小，并且带宽利用率高，耗电量较少。

emqttd 具有如下优势。

(1)高性能：稳定承载大规模的 MQTT 客户端连接。

(2)分布式：分布式节点集群，快速低延时的消息路由，单集群支持 1000 万规模量级的路由。

(3)可扩展：消息服务器内扩展，支持定制多种认证方式，高效存储消息到后端数据库。

(4)多协议：完整的物联网协议支持，MQTT、MQTT-SN、CoAP、WebSocket 或私有协议支持。

4. 搜索引擎 Solr

Solr 是一个基于 Lucene 的 Java 搜索引擎服务器。它提供了层面搜索、命中醒目显示并且支持多种输出格式(包括 XML/XSLT 和 JSON 格式)。通过对 Solr 进行适当的配置，某些情况下可能需要进行编码，Solr 可以阅读和使用构建到其他 Lucene 应用程序中的索引。很多 Lucene 工具(如 Nutch、Luke)也可以使用 Solr 创建的索引。

Solr 具有如下产品功能。

(1)添加索引数据：服务启动后，目前看到的界面没有任何数据，可以通过 POSTing 命令向 Solr 中添加(更新)文档或删除文档，在 exampledocs 目录包含一些示例文件。

(2)导入数据：支持多种导入数据到 Solr 的方式。

(3)更新数据：同一份文档重复导入时会根据文档的字段 id 来唯一标识文档，如果导入文档的字段 id 已经存在 Solr 中，那么这份文档就被最新导入的相同字段 id 的文档自动替换。

(4)删除数据：通过字段 id 删除指定文档，或者通过一个查询来删除匹配的文档。

Solr 具有如下优势。

(1)易用性：Solr 易于安装和配置，而且附带了一个基于 HTTP 的管理界面。

(2)稳定性：Solr 已经在众多大型的网站中使用，较为成熟和稳定。

(3)扩展性：Solr 包装并扩展了 Lucene，所以 Solr 基本上沿用了 Lucene 的相关术语。

(4)兼容性：Solr 创建的索引与 Lucene 搜索引擎库完全兼容。

5. 搜索引擎 ElasticSearch

ElasticSearch 是一个以 Lucene 搜索引擎为核心构建的分布式、可扩展、实时的搜索与数据分析引擎。它不仅能全文搜索，还包括结构化搜索、数据分析、复杂的语言处理、地理位置和对象间关联关系等。利用 ElasticSearch，对于生产环境，可以配置和监视集群；对于云计算，能够具备实时搜索、稳定、可靠、快速等特点。另外，ElasticSearch 的水平伸缩能力，使得其可以方便安装使用，轻松扩展服务节点。

ElasticSearch 具有分布式的搜索引擎和数据分析引擎全文检索，结构化检索，数据分析对海量数据进行近实时的处理能力，其优势如下所示。

(1)分布式：分布式实时文件存储，可将每一个字段存入索引，使其可以被检索到。

(2)实时性：实时分析的分布式搜索引擎。

(3)扩展性：可以扩展到上百台服务器，处理 PB 量级的结构化或非结构化数据，也可以运行在单台 PC 上。

(4)插件集：支持插件机制，如分词插件、同步插件、Hadoop 插件、可视化插件等。

6. 图形化工具 Grafana

Grafana 是简单快捷的图形化展示工具，用于可视化大型测量数据的开源程序，支持 InfluxDB、OpenTSDB 等多种数据源的图形化展示工具，具备样式丰富的展示布局与模型。它提供了强大的方式去创建、共享、浏览数据，支持多种数据源，适合在工业企业、监控运行等多个领域中应用。

Grafana 具有接入数据、生成图表、容器化运行三大功能。

(1)接入数据：快速配置数据来源。

(2)生成图表：可以通过可视化界面进行配置与管理。

(3)容器化运行：可以容器化运行。

Grafana 具有如下优势。

(1)操作简单：可拖拽的操作，界面化管理布局，多种模型与组合可以选择。

(2)丰富多样：展示的数据形式可以多样化，模型与框架都很丰富。

(3)支持多种数据源：支持多种数据展示，且在不断增加中。

7. 文件服务器 Vsftpd

Vsftpd 是一款小巧轻快、安全易用的 FTP 服务，运行在如 Linux、BSD、Solaris、HP-UNIX 等系统上，是一个完全免费的、开放源代码的 FTP 服务器软件，用户可以直接调用并容器化运行。

其产品优势在于具有高安全性、良好的可伸缩性、支持容器化运行及可视化管理。

4.6　应用场景

云端应用运行管理工具主要为企业和开发者提供快速一站式应用部署/运行的云化服务，应用场景如下。

(1) 支持微服务类 APP 应用快速云化部署和运行。

(2) 支持大数据分析类 APP 应用快速云化部署和运行。

(3) 支持第三方快速迁移与部署，快速云化部署和运行。

(4) 支持云化原生 APP 应用运行，快速云化部署和运行。

(5) 支持系统级 APP 应用运行。

4.7　使 用 指 南

4.7.1　容器引擎

1. 应用

1) 应用列表

应用列表展示当前项目用户创建的所有应用的基本信息，如应用名称、运行状态、资源配置、网络、绑定服务、挂载存储和创建时间等。单击"编辑"，可以进入应用的详细编辑页面；单击"发布"，可以上传或更新应用代码包，进而发布应用；单击"更多"，可对应用进行删除和关闭操作，如图 4-8 所示。

单击"应用名称"下面的"+"，可展示该应用的所有实例信息，如图 4-9 所示。

2) 应用创建

在应用列表页，单击"创建应用"，可以创建一个新的应用。应用创建过程包含四部分：基础设置、运行环境设置、子域名和实例设置，以及服务组件快速创建。

图 4-8　应用列表页面

应用名称	运行状态	资源配置	网络	绑定服务	挂载存储	创建时间↓	操作			
⊞ zss-xxxx	● 运行中	🐳 1 | 2 | 1	(外)106.74.18.237:20601->80	--	--	18小时前	编辑	发布	扩容	更多
⊟ zss-202001152	● 运行中	🐳 1 | 2 | 1	(外)106.74.18.237:22487->80	--	--	19小时前	编辑	发布	扩容	更多

实例名称	状态	CPU	内存	磁盘	容器	重启次数	运行时长
zss-202001152-dcfb-9zzcl	Running	0.00%	0.02G/2.0G	--	1/1	0	18小时43分钟52秒

图 4-9　应用实例信息页面

（1）基础设置。设置应用的名称和描述，选择可用区和告警规则。可用区是指同一服务区内，电力和网络互相独立的地理区域，目前云端应用运行管理工具平台默认只支持"可用区 A"，如图 4-10 所示。

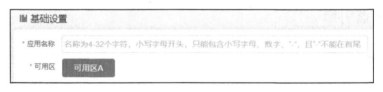

图 4-10　基础设置页面

（2）运行环境设置。应用部署在容器内，事实上这里指的是对容器内部环境和资源容量的设置，其中，运行环境通过镜像来实现。云端应用运行管理工具提供 8 种公共运行时镜像，同时支持使用私有镜像（私有镜像为用户在镜像仓库中创建的镜像）。用户可依据需求，选择运行环境和版本，如图 4-11 所示。

"我的镜像"会列出镜像仓库中的所有镜像，将镜像上传至镜像仓库的方法参见第 3 部分镜像仓库。

（3）子域名和实例设置。子域名是基于云端应用运行管理工具域名设置的，作为应用的外部访问地址，实例个数用于实现高可用性能，如图 4-12 所示。

图 4-11　运行环境设置页面

图 4-12　子域名和实例设置页面

（4）服务组件快速创建。利用"选择配置项"功能快捷创建存储和数据库，会在创建应用时自动绑定服务，如图 4-13～图 4-15 所示。

图 4-13　选择配置项页面

图 4-14　配置项-存储页面

创建成功后，会自动进入应用列表页，刚创建完成的应用运行状态为"已停止"，需进入编辑页面单击"启动"运行应用。

3) 应用编辑

进入应用编辑页面，可对应用的详细信息进行编辑，具体包括实例、配置、发布、域名、负载均衡、扩容、监控、审计、日志，如图 4-16 所示。

图 4-15　配置项-数据库页面

图 4-16　应用编辑页面

(1)实例。实例页面提供了实例名称、状态、CPU/内存/磁盘的使用情况，以及容器、重启次数、运行时长等信息。可展开实例下的容器，并展示容器资源状态，单击"控制台"可以登录容器进行命令行操作，如图 4-17 所示。

(2)配置。对应用的基础设置和容器参数，以及绑定服务进行修改，单击"保存"生效。其中，高级设置包括环境变量、启动命令、健康检查、配置文件等选项，如图 4-18 所示。

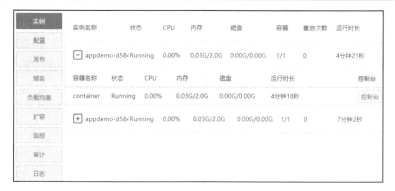

图 4-17　实例页面

图 4-18　高级设置页面

　　健康检查是指容器运行过程中，根据用户需要，定时检查容器健康状况。若不配置健康检查，如果服务出现业务异常，POD(plain old data structure，是 C++ 语言的标准中定义的一类数据结构)将无法感知，也不会自动重启去恢复业务。最终导致 POD 状态正常但 POD 中的业务异常的情况。健康检查方式包括执行命令、HTTP GET 请求、TCP Socket 探测。

　　执行命令。命令检查是一种强大的检查方式，该方式要求用户指定一个容器内的可执行命令，集群会周期性地在容器内执行该命令，如果命令的返回结果是 0 则检查成功，否则检查失败。

　　HTTP GET 请求。HTTP GET 请求针对的是提供 HTTP(S)服务的容器，集群周期性地对该容器发起 HTTP(S) GET 请求，如果 HTTP(S) response 返回码属于

200～399 范围，则证明探测成功，否则探测失败。使用 HTTP 请求探测必须指定容器监听的端口和 HTTP(S) 的请求路径。例如，提供 HTTP 服务的容器，端口为 80，HTTP 检查路径为/health-check，主机地址为 containerIP，那么集群会周期性地对容器发起如下请求：GET http://containerIP:80/health-check。

　　TCP Socket 探测。对于提供 TCP 通信服务的容器，集群周期性地对该容器建立 TCP 连接，如果连接成功，则证明探测成功，否则探测失败。选择 TCP Socket 探测方式时，必须指定容器监听的端口。

　　高级设置中支持选择配置文件，在弹出框中会列出所有配置文件中创建的配置文件，勾选后单击"确定"即可关联对应的文件。

　　(3)发布。创建应用镜像选择为预置运行环境时，发布方式支持"源码发布"和"代码包发布"；当创建应用镜像选择为"我的镜像"时，发布方式支持"镜像发布"。

　　①镜像发布。镜像发布下可以选择镜像的版本，单击"更新应用"可以发布镜像，如图 4-19 所示。

图 4-19　镜像发布页面

　　②代码包发布。提供代码包发布方式，支持增量发布功能。单击"上传"，选择本地的代码包，等待代码上传。上传成功后，单击"更新应用"，页面会提示"代码更新成功"，表示代码包发布成功。单击"下载代码"支持将当前应用的代码包下载至本地，如图 4-20 所示。

　　③源码发布。支持通过源码仓库拉取对应的镜像代码。首先单击"添加凭证"，在弹出的对话框输入"地址""用户名""密码"等相关信息，如图 4-21 所示。

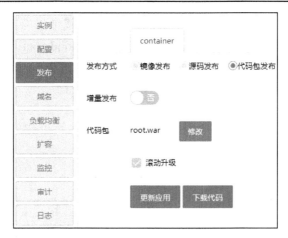

实例
配置
发布
域名
负载均衡
扩容
监控
审计
日志
container
发布方式
镜像发布
源码发布
代码包发布
增量发布
否
代码包
root.war
修改
滚动升级
更新应用
下载代码

图 4-20　代码包发布页面

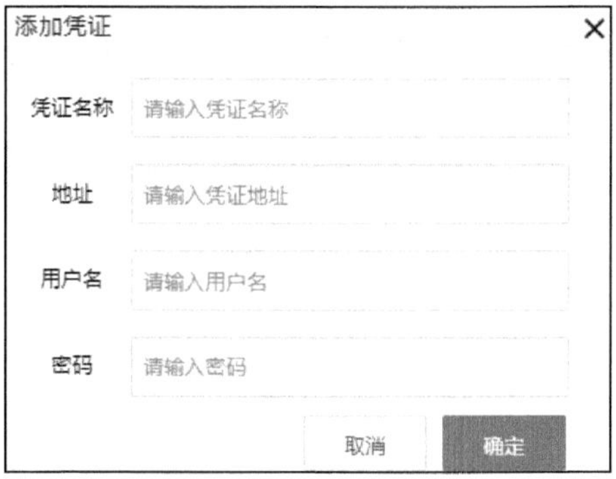
添加凭证
凭证名称
请输入凭证名称
地址
请输入凭证地址
用户名
请输入用户名
密码
请输入密码
取消
确定

图 4-21　源码发布页面

添加凭证完成后，输入镜像对应的分支，单击“更新应用”即可完成镜像发布功能，如图 4-22 所示。

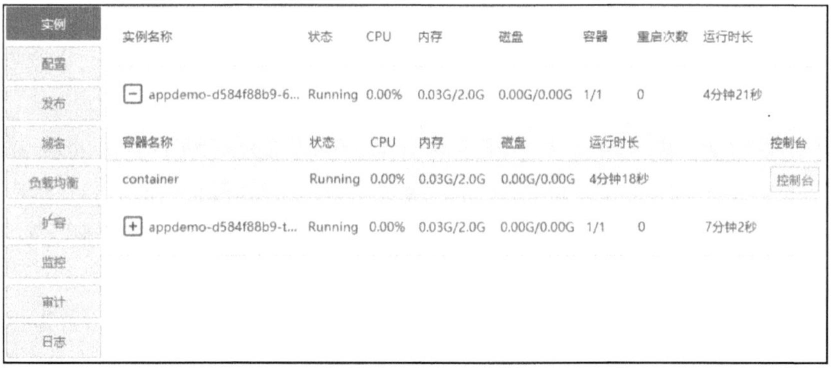
实例
配置
发布
域名
负载均衡
扩容
监控
审计
日志
实例名称 状态 CPU 内存 磁盘 容器 重启次数 运行时长
appdemo-d584f88b9-6... Running 0.00% 0.03G/2.0G 0.00G/0.00G 1/1 0 4分钟21秒
容器名称 状态 CPU 内存 磁盘 运行时长 控制台
container Running 0.00% 0.03G/2.0G 0.00G/0.00G 4分钟18秒 控制台
appdemo-d584f88b9-t... Running 0.00% 0.03G/2.0G 0.00G/0.00G 1/1 0 7分钟2秒

图 4-22　应用更新页面

(4)域名。若应用有多个域名的需求，可以修改或增加应用的域名。在"修改子域名"中，输入域名地址，默认后缀为 paas.casicloud.com，并选择应用的容器端口。单击"保存"，即可新增一条子域名。单击"解绑"，即可删除该条域名。此处也可以对负载均衡端口提供域名服务，如图 4-23 所示。

图 4-23　修改子域名页面

若用户需要将应用绑定到自有域名，而不是使用 paas.casicloud.com，可以申请"绑定自有域名"服务。单击"添加"输入自有域名和备案号，自有域名需要平台方审核之后才能使用，如图 4-24 所示。拥有自有域名后，可在"修改子域名"页面中选择自有域名和端口进行更改，如图 4-25 所示。

绑定自有域名	域名	备案号	创建者	创建时间	最近修改	状态	备注	操作
	paas.test.com	1	740212_system	1秒前	1秒前	审核中		删除 修改
添加								

图 4-24　绑定自有域名页面 a

图 4-25　绑定自有域名页面 b

(5)负载均衡。若应用有多个域名的需求，可以修改或增加应用的域名。在"修改子域名"中，输入域名地址，默认后缀为 paas.casicloud.com，并选择应用的容器端口。单击"保存"，即可新增一条子域名；单击"解绑"，即可删除该条域名。此处也可以对负载均衡端口提供域名服务，如图 4-26 所示。

(6)扩容。在扩容页面可以对应用现有资源配置进行伸缩调整，分为手动扩容和自动扩容两种方式。其中，手动扩容既支持资源配额的横向扩容，也支持实例数量的纵向扩容，如图 4-27 所示。

图 4-26　负载均衡页面

图 4-27　手动扩容页面

自动扩容支持实例数量的纵向扩容，触发类型分为 CPU 和内存两种，用户可以通过设置触发值、最小实例数、最大实例数使应用进行自动扩容，如图 4-28 所示。

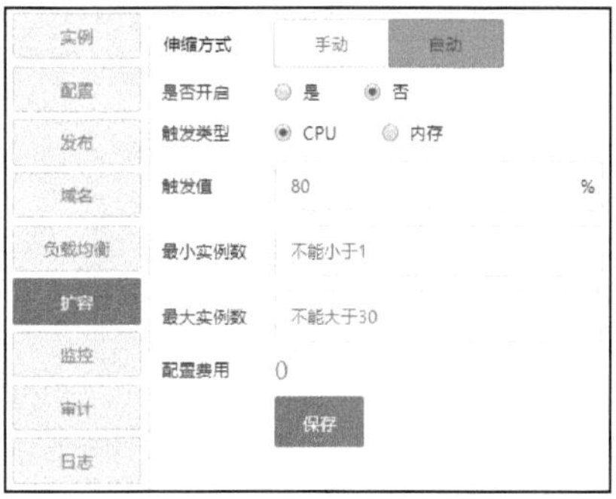

图 4-28　自动扩容页面

(7)监控。在监控页面可对不同的容器统计 CPU、内存、磁盘使用情况，以及数据传输上下行速度、应用的访问量和流量等数据，可使用一小时、一天、一月三种时长模式显示，如图 4-29 所示。

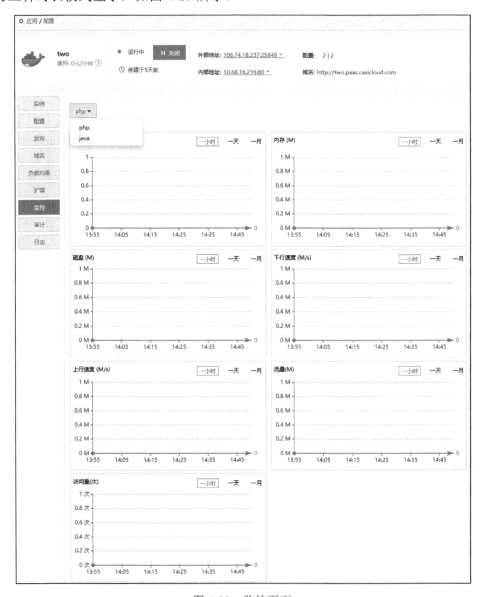

图 4-29　监控页面

(8)审计。平台对应用操作的事件进行记录，可在审计页面查看，如图 4-30所示。

(9)日志。在日志页面可按照容器的维度查看应用运行的日志，单击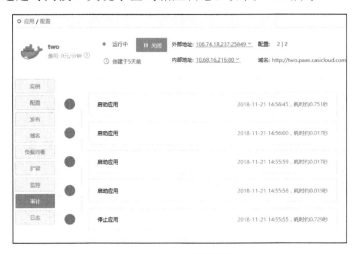可导出日志。可通过时间段、关键字查询相应日志，如图 4-31 所示。

图 4-30　审计页面

图 4-31　日志页面

2. 配置文件

配置文件可以外挂于应用，保存应用的个性化设置，避免应用重启后丢失。用户在创建应用时可在容器配置的高级设置中挂载配置文件，也可在应用编辑中的配置挂载配置文件。

配置文件列表显示文件名称、关联应用、是否加密、创建时间等信息，如图 4-32 所示。单击"修改"，可对文件名称、配置文件内容进行修改；单击"删除"可删除该配置文件。可输入配置文件名称搜索，单击"刷新"刷新界面。单击"创建配置文件"，可新建一个配置文件，如图 4-33 所示。

图 4-32　配置文件页面 a

图 4-33　配置文件页面 b

3. 镜像仓库

1) 镜像仓库列表

单击"容器引擎"→"镜像仓库"进入镜像仓库列表页面。镜像仓库列表页面展示"创建镜像"、"推送镜像"以及应用发布时上传的代码包，如图 4-34 所示。

图 4-34　镜像仓库列表页面

单击"新增版本",可以上传新的镜像版本,并标注版本号,如图 4-35 所示。

图 4-35　新增版本页面

单击"镜像扫描",可以扫描当前镜像的安全隐患,分为严重、中等、一般、未知四个等级,并能查看扫描报告以及扫描历史,如图 4-36 所示。

单击"日志",可以查看当前镜像的日志信息,如图 4-37 所示。

图 4-36　镜像扫描页面

图 4-37　日志页面

　　单击"编辑",可以对该镜像的参数进行编辑。单击"删除",会提示"删除镜像"和"删除版本",用户可以依据需求进行选择,如图 4-38 所示。

　　2)创建镜像

　　单击"创建镜像"进入创建镜像页面。支持基础镜像+代码包或者基础镜像+源码的形式构建新的镜像,如图 4-39 所示。

图 4-38　镜像仓库页面

图 4-39　镜像列表/创建页面

3）推送镜像

云端应用运行管理工具平台支持通过指令的方式将镜像推送到镜像仓库，具体指令如图 4-40 所示。

图 4-40　推送镜像页面

4.7.2　持续交付

持续交付指代码仓库产生变动之后的一系列自动化过程，如构建、测试、部署等过程。使用合适的持续集成工具和过程编排，可以有效提升团队的开发效率，实现快速的代码迭代更新。

步骤一：创建任务。

持续交付分为构建任务、测试任务、部署任务和自定义任务。

1．构建任务

构建的任务提供高可靠、弹性扩展的持续集成服务，支持自动获取代码、构建、打包等功能，也可以将任务通过流水线组装，自动执行。

单击"创建构建任务"，进入创建构建任务页面。构建环境支持 Java 和 PHP，构建类型支持 Maven 构建和 Gradle 构建，构建方式包括非镜像和镜像，如图 4-41 所示。

任务创建成功后，进入创建构建任务列表页面。任务列表页面展示构建任务的基本信息，如构建环境、构建类型、构建方式等，在操作栏中单击"执行"，若执行成功，会在最近执行状态中显示"成功"，否则显示"失败"，如图 4-42 所示。

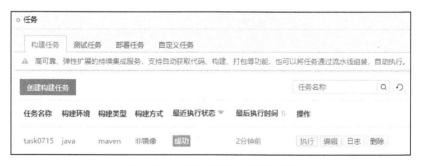

图 4-41　创建构建任务页面

图 4-42　创建构建任务列表页面

单击"编辑"，可以对任务的参数进行修改；单击"日志"，可以查看任务的日志信息；单击"删除"，可以删除当前任务，如图 4-43 所示。

2. 测试任务

单击"测试任务"页签，进入测试任务列表页面测试任务维护常用的单元测试任务，简化重复工作，也可以将任务通过流水线组装自动执行。单击"创建测试任务"，进入创建测试任务页面。创建内容与构建任务基本相同，但缺少构建方式选项，如图 4-44 所示。

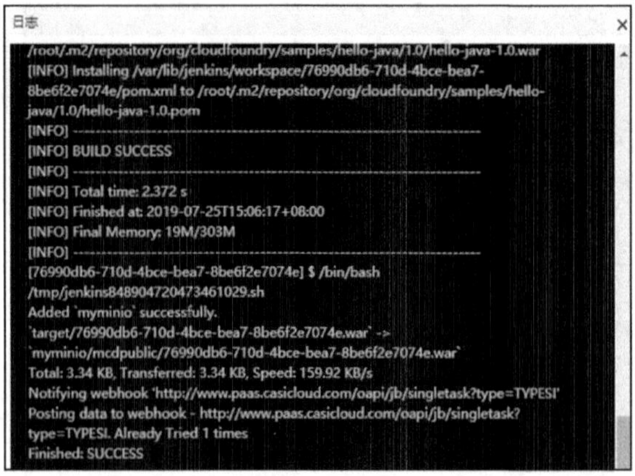

图 4-43　构建日志页面

图 4-44　创建测试任务页面

任务创建完成后，自动进入测试任务列表页面。列表页面展示的基本信息和操作与构建任务相同，此处不再详述。

3. 部署任务

单击"部署任务"页签，进入部署任务列表页面。部署任务提供一键式部署，支持主流编程语言和技术框架，也可以将任务通过流水线组装，自动执行。单击"创建部署任务"，进入创建部署任务页面，如图 4-45 所示。

图 4-45　创建部署任务页面

部署目标支持容器引擎和 CloudFoundry 两种方式，选择镜像，接着选择镜像版本以及目标应用。目标容器为所选目标应用下的容器。部署任务创建成功后，自动进入部署任务列表页面。

4. 自定义任务

除了常用的标准化任务之外，还可以通过自定义的脚本式任务实现其他操作需求，也可以将任务通过流水线组装，自动执行。单击"创建自定义任务"，进入创建自定义任务页面；输入任务名称、运行命令、环境变量等参数，单击"创建"完成自定义任务创建，如图 4-46 所示。

创建完成后自动进入创建自定义任务列表页面，可进行"执行""编辑""查看日志"和"删除"操作，如图 4-47 所示。

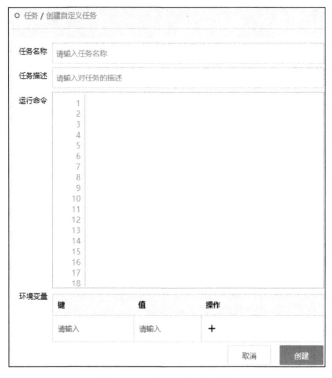

图 4-46 自定义任务页面

图 4-47 创建自定义任务列表页面

步骤二：流水线。

通过可视化、可定制的自动交付流水线服务，可以对构建、测试、部署等各类任务做流程化设计，一键完成持续集成/持续交付工作。单击"创建流水线"，进入创建流水线页面，输入流水线名称与流水线描述；单击"创建"，完成流水线创建，如图 4-48 所示。

图 4-48　创建流水线页面

流水线创建完成后，自动进入流水线列表页面，如图 4-49 所示。

图 4-49　流水线列表页面

单击"流水线定义"页签，为流水线添加具体的业务流程，如本例添加了一条"开发—测试—部署"的流水线，并为每个阶段添加任务创建的任务类型，如图 4-50 所示。

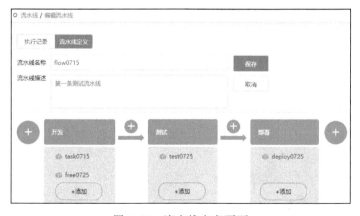

图 4-50　流水线定义页面

单击"执行记录"页签，可以查看流水线的执行记录，如图 4-51 所示。

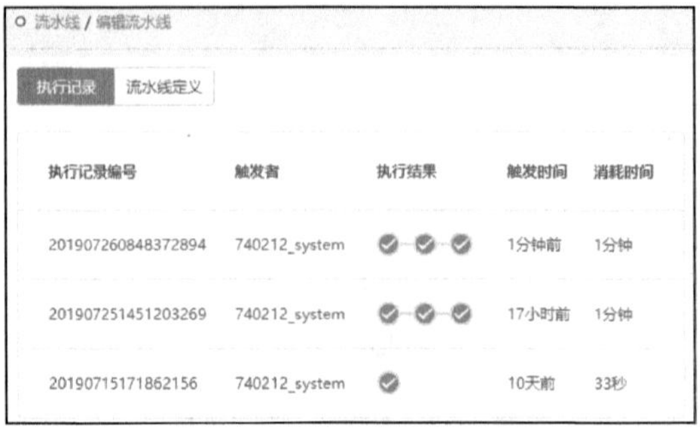

图 4-51　流水线执行记录页面

4.7.3　实例管理

1. 存储

1）创建文件存储

由于容器的文件系统是临时的，云端应用运行管理工具平台支持文件存储，可以通过挂载存储的方式实现数据持久化。单击"创建文件存储"，进入存储列表/创建页面，如图 4-52 所示。

图 4-52　存储列表/创建页面

其中，文件存储容量设置支持用户自定义配置，最大支持 15GB。为提高存储的高可靠性和高稳定性，用户可依据需求设置副本数量格式。创建文件存储时，可以绑定应用及对应的挂载目录，也可以在创建应用时绑定应用。

2）编辑存储

在文件存储列表中，单击操作行的"编辑"，进入编辑界面，可修改存储名称、设置要绑定的应用以及挂载目录，如图 4-53 所示。

图 4-53　存储编辑页面

在文件存储列表中，单击操作行的"扩容"，进入扩容页面，可变更容量设置，如图 4-54 所示。

图 4-54　扩容页面

3）管理并使用实例

在文件存储列表中，单击操作行的"管理"，可以进入文件管理页面，如图 4-55 所示。

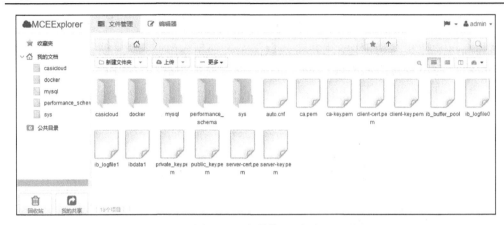

图 4-55 文件管理页面

文件管理页面支持创建文件、上传文件、下载文件等操作。

2. 数据库

云端应用运行管理工具平台提供集群化、多样化的数据库和缓存服务 MySQL。云端应用运行管理工具平台云数据库 MySQL 提供备份回档、监控、快速扩容、数据传输等数据库运维全套解决方案，如图 4-56 所示。

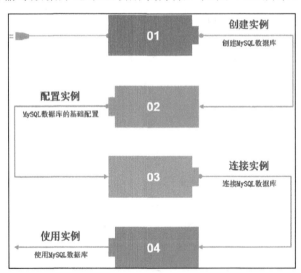

图 4-56 数据库连接流程

1）创建 MySQL

进入数据库实例列表页面，单击"创建数据库"，如图 4-57 所示。

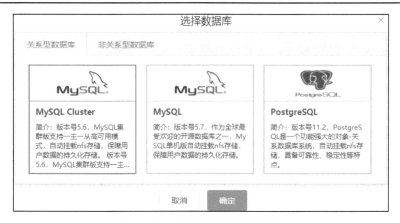

图 4-57　选择数据库实例页面

在弹出的选择数据库页面中，找到对应数据库，单击"确定"，进入创建数据库及配置页面，如图 4-58 所示。

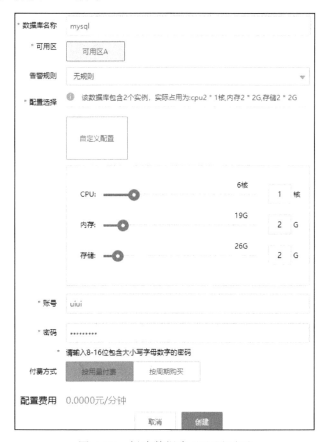

图 4-58　创建数据库及配置页面

在创建数据库及配置页面填写基本信息，包括数据库名称、账号、密码等。单击"创建"，创建成功后，自动返回数据库实例列表。

在数据库实例列表即可查看刚创建的实例，稍等片刻，数据库会自动启动，运行状态为运行中。

2) 配置 MySQL

在数据库实例列表中，单击目标操作行的"编辑"，即可进行实例的基本配置。修改实例基本信息可进入实例信息编辑页面，如图 4-59 所示。

为实例绑定应用，如图 4-60 所示。

图 4-59　实例信息编辑页面

图 4-60　实例绑定应用页面

实例扩容页面如图 4-61 所示。

图 4-61　实例扩容页面

实例监控页面可以查看数据库实例的运行状态统计信息，如图 4-62 所示。

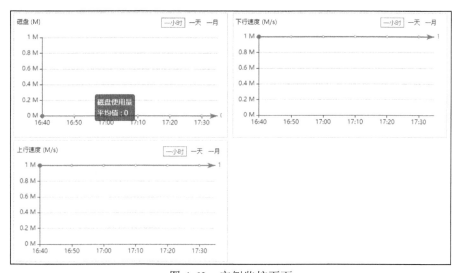

图 4-62　实例监控页面

更多操作页面包含可视化操作、备份管理、重置密码、事件、删除等，如图 4-63 所示。

图 4-63　更多操作页面

3）连接 MySQL

连接方法一：通过云平台可视化管理来连接。在数据库实例列表中找到目标实例，单击"更多"→"可视化管理"，进入可视化管理页面，可查看并管理实例连接，如图 4-64 所示。

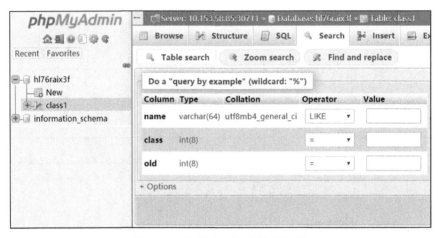

图 4-64　数据库可视化管理页面

连接方法二：通过外部连接工具来连接。在数据库配置页面可查看到外部地址，即数据库地址，如图 4-65 所示。

图 4-65　数据库配置页面

需要注意的是，只要利用数据库工具，即可连接到该数据库，并对其进行使用和操作。本书采用的数据库工具为 Navicat。打开 Navicat 软件，新建 MySQL 连接，输入主机、端口、用户名和密码。其中主机、端口从上述数据库地址中获取，用户名、密码为创建实例时填写的账号和密码，如图 4-66 所示。

单击"确定"，连接后可查看到如图 4-67 所示的默认结构，即表示连接成功，可开始使用 MySQL 数据库实例。

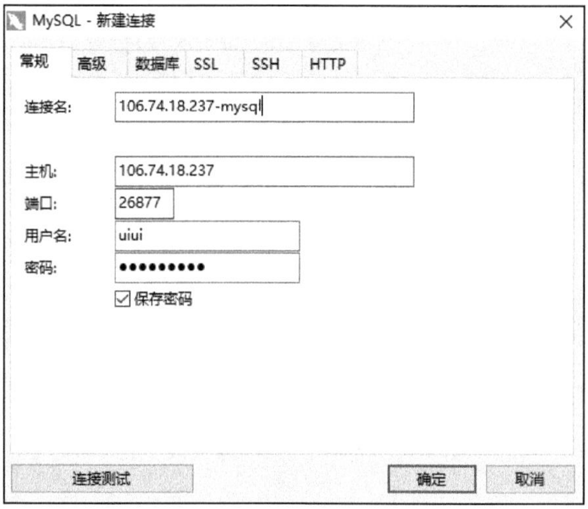

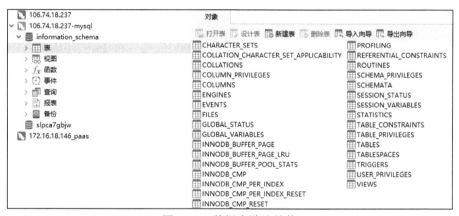

图 4-66　Navicat 远程连接页面

图 4-67　数据库默认结构

4.7.4　智能运维

1. 监控告警

1) 告警历史

告警历史列表页面可查看监控对象、指标名称、告警内容、告警级别、通知方式等信息，如图 4-68 所示。

2) 告警规则

在告警规则列表页面可查看规则名称、资源数、状态；操作栏有编辑、禁用(启用)、查看资源、删除等功能，如图 4-69 所示。

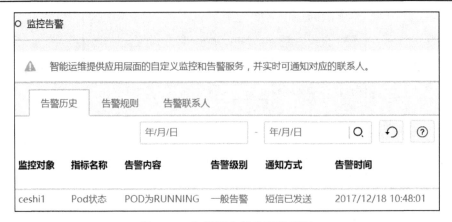

图 4-68　告警历史消息列表页面

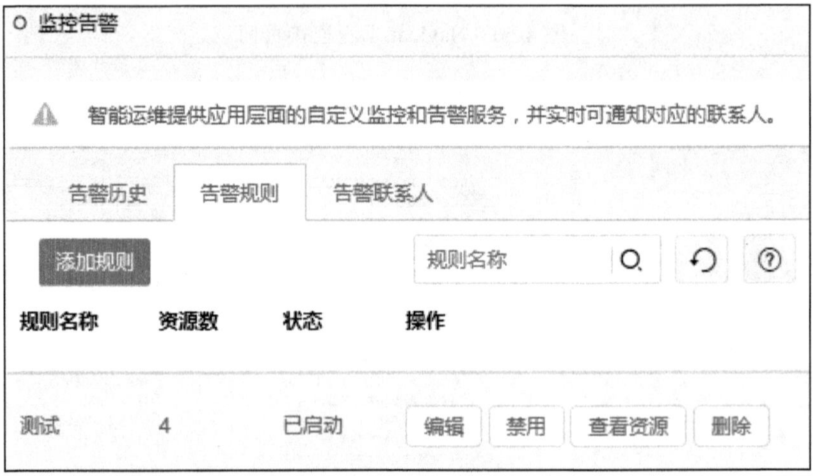

图 4-69　告警规则列表页面

　　单击"编辑"，可对规则名称进行编辑。可重新定义告警规则，对 CPU 使用率、内存使用率、磁盘使用率、Glusterfs 使用率、日志关键字、Pod 状态的告警阈值，触发周期(次)，通知方式(分为不通知、短信、邮件、短信和邮件四种方式)进行变更。单击"删除"可删除该规则，单击"添加指标"可新增监控告警规则指标，如图 4-70 和图 4-71 所示。

　　若新建告警规则，输入规则名称，赋予规则定义。定义各监控指标的告警阈值，触发周期(次)，通知方式(分为不通知、短信、邮件、短信和邮件四种方式)。单击"删除"可删除该告警指标，单击"添加指标"可新增告警规则。单击"保存"，完成规则新建操作，如图 4-72 所示。

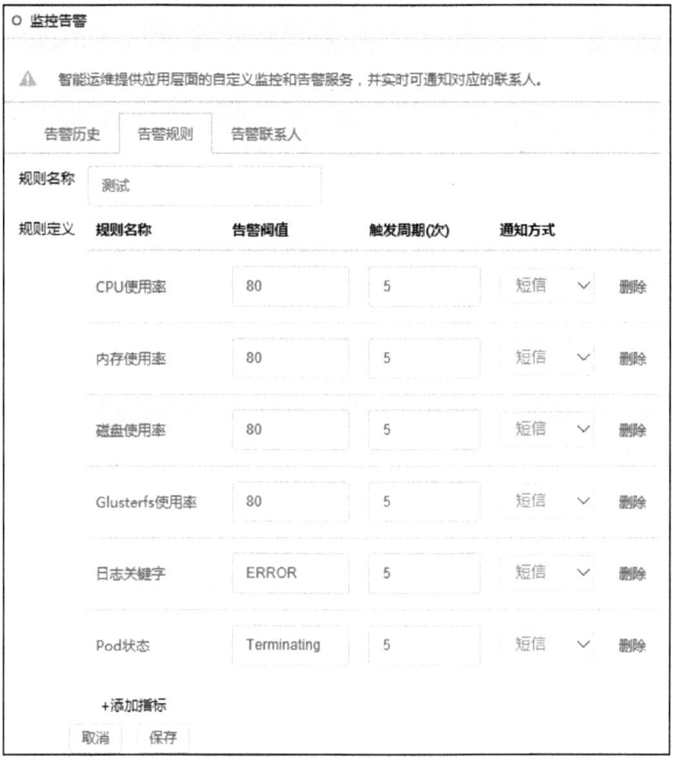

图 4-70　监控告警规则设置页面

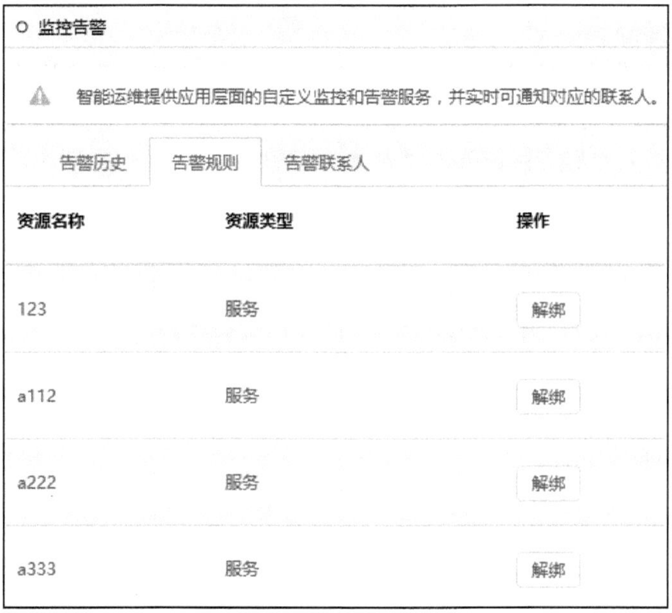

图 4-71　查看资源页面

图 4-72　告警规则新建页面

3) 告警联系人

告警联系人指告警短信、邮件的接收人，收到告警后可对故障进行处理。单击操作栏"编辑"可编辑联系人姓名、手机号、邮箱等信息。单击"禁用/启用"可禁用/启用该联系人信息。单击"删除"可删除该联系人信息。单击"创建联系人"可新增告警接收联系人，如图 4-73 所示。

图 4-73　告警联系人列表页面

4）告警联系人编辑页面

告警联系人编辑页面如图 4-74 所示。若创建告警联系人，则输入告警联系人的姓名、手机号、邮箱。单击"获取验证码"，输入收到的验证码。单击"保存"，完成联系人创建。

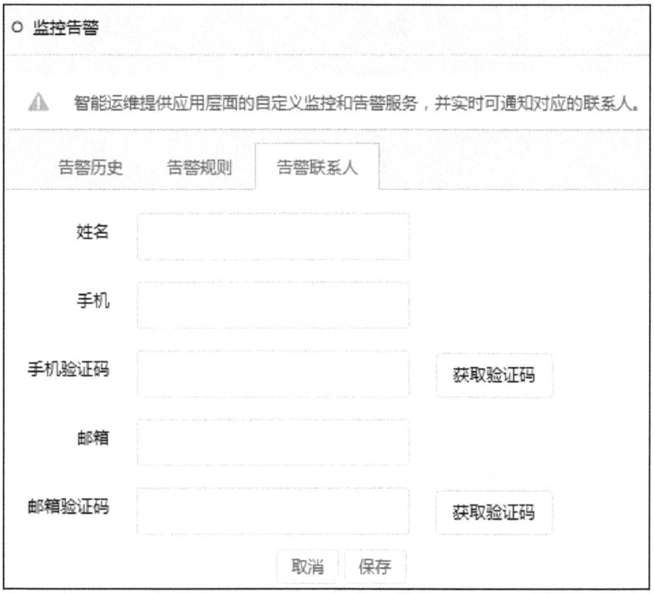

图 4-74　告警联系人编辑页面

2．作业平台

自定义的定时任务，可以自动完成一次性或周期性的作业，支持 Rest 调用和 Shell 脚本类型的任务。

列表区可查看作业名称、任务类型、运行状态、时间计划等信息，操作栏提供开始/停止、执行历史、删除的操作，如图 4-75 所示。

若创建作业，则单击"创建作业"，输入作业名称，选择任务类型（分 Rest 调用和 Shell 脚本两种类型）。

1）Rest 调用类型

输入调用的 URL 地址，选取内容类型包含 json、xml、html、text/plain 等。选取调用方式包括 POST/GET，输入参数（参考 key=value 的形式）和时间计划（例：每天凌晨 2 点执行，格式为 0 0 2 * * ? *，数字对应秒 分 时 日 月 星期 年），单击"创建"，完成作业任务创建，如图 4-76 所示。

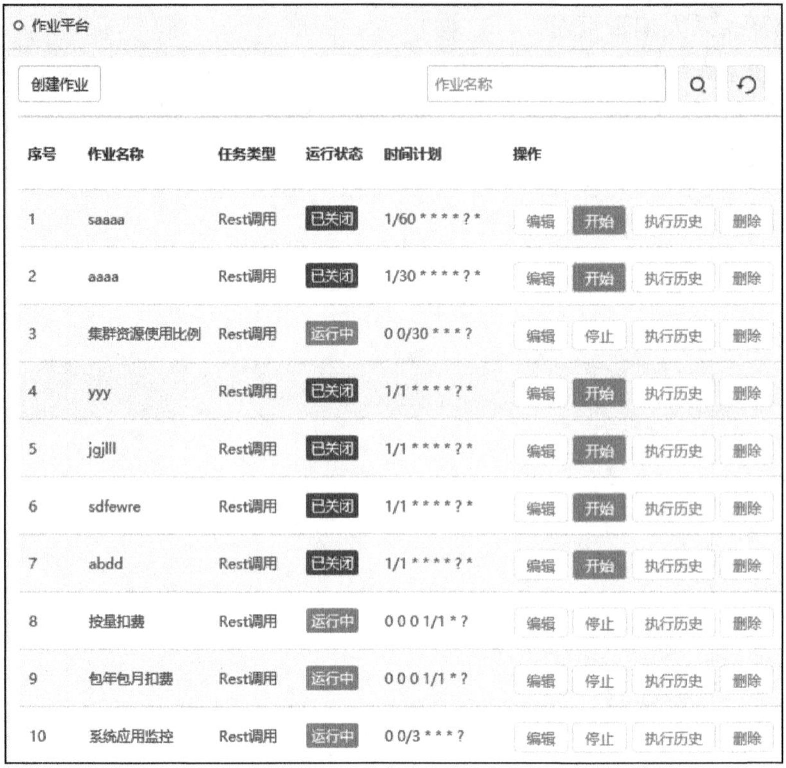
○ 作业平台

创建作业　　作业名称

序号	作业名称	任务类型	运行状态	时间计划	操作
1	saaaa	Rest调用	已关闭	1/60 * * * * ? *	编辑 开始 执行历史 删除
2	aaaa	Rest调用	已关闭	1/30 * * * * ? *	编辑 开始 执行历史 删除
3	集群资源使用比例	Rest调用	运行中	0 0/30 * * * ?	编辑 停止 执行历史 删除
4	yyy	Rest调用	已关闭	1/1 * * * * ? *	编辑 开始 执行历史 删除
5	jgjlll	Rest调用	已关闭	1/1 * * * * ? *	编辑 开始 执行历史 删除
6	sdfewre	Rest调用	已关闭	1/1 * * * * ? *	编辑 开始 执行历史 删除
7	abdd	Rest调用	已关闭	1/1 * * * * ? *	编辑 开始 执行历史 删除
8	按量扣费	Rest调用	运行中	0 0 0 1/1 * ?	编辑 停止 执行历史 删除
9	包年包月扣费	Rest调用	运行中	0 0 0 1/1 * ?	编辑 停止 执行历史 删除
10	系统应用监控	Rest调用	运行中	0 0/3 * * * ?	编辑 停止 执行历史 删除

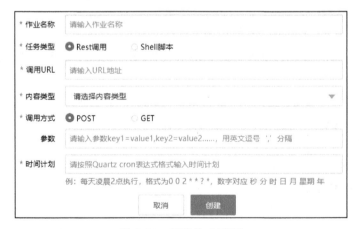

图 4-75　作业列表页面

图 4-76　创建作业页面

2）Shell 脚本类型

选取基础镜像，输入执行脚本，选择任务执行方式，其主要分一次性任务和周期性任务两种。选取周期性任务时需设定时间计划（参照 Linux 下 cron 表达式

格式，例：每 15 分钟执行一次，格式为*/15****，数字对应分 时 日 月 星期），
单击"创建"，完成 Shell 脚本任务创建，如图 4-77 所示。

图 4-77 Shell 脚本任务创建页面

3. 安全审计

安全审计是对功能服务的校验，对应用或服务的操作进行记录，此页面可查
看操作人员、操作内容、操作结果、耗时、操作类型、操作时间信息。例如，筛
选时间段，单击"搜索"可查看该时间段下的操作信息。

第5章 工业互联网网关

工业互联网网关产品提供多种设备接入协议和边缘智能应用，通过与平台下行接入类 API 无缝集成，帮助企业把设备接入 INDICS 平台，并在本地实现边缘智能应用，达到保障数据安全、减小传输带宽的效果，同时使企业快速享有 INDICS 平台服务。丰富多样的产品体系和灵活的模块化配置为不同用户提供多样化的接入场景，搭配网关的配置工具已集成到开发者中心，提供云化服务。

5.1 产品概述和目标用户

1. 产品概述

INDICS EDGE 系列工业物联网网关具备稳固且可扩展的硬件配置，兼容多种工业标准通信协议，支持以太网有线及无线通信方式，与 INDICS 平台服务有效整合，以及灵活方便的 Web 端配置工具，为生产制造企业提供了工业数据与云制造、大数据应用无缝集成的便捷方案。该系列产品与 INDICS 平台物联网应用高度集成，提供工业设备连接并使用 INDICS 平台服务的便捷方式。为适应多样的工业场景和应用需求，INDICS EDGE 系列提供了四类不同规格与功能的产品，即标准品网关 INDICS EDGE 6000（图 5-1）、高性价比网关 INDICS EDGE 6100、高安全性网关 INDICS EDGE 5000 和高性能边缘智能一体机 INDICS EDGE 8000。

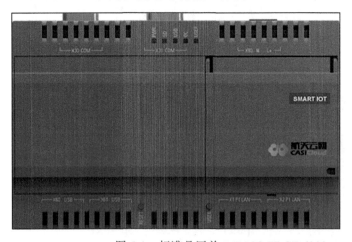

图 5-1　标准品网关 INDICS EDGE 6000

2. 目标用户

工业互联网网关产品以工业企业和园区、行业龙头企业为目标客户。

5.2　主要功能

INDICS EDGE 系列产品主要提供物管理和物接入服务，为适应多应用场景，提供了四类系列产品线，其中，INDICS EDGE 8000 是一款基于"工业互联网平台+工业企业现场应用"的多用途智能一体机，具备通信、存储、计算等一系列方面的高扩展能力，同时还集成了多种工业应用 APP，实现了将网关设备等边缘节点及其上运行的各类应用 APP 与服务进行统一管理。INDICS EDGE 系列产品具有主要功能如下。

1. 设备接入

INDICS EDGE 系列产品面向设备采集，支持 MODBUS TCP、MODBUS RTU、OPC UA、S7 等工业总线协议。

2. 多样化网关配置

INDICS EDGE 系列产品支持在线配置下发和离线导出 json 文件两种方式对 INDICS EDGE 进行网关配置。

3. 数据转换

数据转换对于工业物联网网关协议服务至关重要，可以将不同协议的设备数据转换至云平台可接收的协议，即 MODBUS TCP、MODBUS RTU、OPC UA、S7、Profinet、HTTP(S)、MQTT 等，用户可根据自身需要选择对应协议。

4. 有线&无线通信

关于通信部分，用户可通过该配置工具完成串口、以太网、Wi-Fi、3G、4G、GPRS、NB-IOT 信息设定。

5. 本地存储

INDICS EDGE 系列产品将采集的数据按照预设周期进行存储，记录全部采集数据。

6. 边缘计算

INDICS EDGE 系列产品支持云边协同，包含边缘节点组件和边缘云服务管理系统。其中，边缘节点提供应用部署与运行环境；边缘云服务管理系统则提供边缘节点计算以及应用的生命周期管理能力，如函数计算、流数据分析、事件管理、机理/训练模型等。

7. 多样的数据应用

INDICS EDGE 系列产品与 INDICS 平台的物联网应用通过消息队列中间件实现信息的实时交互；支持采集点、系统点、计算点监测，通过发邮件方式实现异常数据的通知报警；支持网关状态、运行参数的在线监测。

8. 安全防护

INDICS EDGE 系列产品支持多用户管理、强密码策略、应用认证、防火墙、审计日志等安全防护的功能。

9. 提供开放的设备接入 SDK 和 API

INDICS EDGE 系列产品提供 MODBUS、OPC UA、S7 等多种设备接入 SDK，支持多种主流设备的快速接入；无缝集成 INDICS 平台接入 API，支持 HTTP、MQTT、COAP 等多种方式快速接入平台。

5.3　产　品　特　点

INDICS EDGE 系列产品具有如下特点。

1. 多种通信协议

INDICS EDGE 系列产品具有丰富的通信协议，如 MODBUS TCP 协议栈、MODBUS RTU 协议栈、OPC UA 协议栈、S7 协议栈、HTTP(S)协议栈、MQTT 协议栈等，不断地丰富协议库，方便更多的设备快速接入。

2. 多种网络形式

INDICS EDGE 系列产品具有多种网络传输方式，如有线通信方式(局域网、广域网)、无线通信方式(Wi-Fi)、NB-IOT 通信方式、GPRS/3G/4G 等通信方式，保证数据的高效传输。

3. 灵活的 Web 端配置工具

INDICS EDGE 系列产品还支持云化的配置软件和可拖拽的 Node-RED 软件两种网关配置方式，如网关端口配置、设备协议配置、设备采集点配置、网关监测等。

4. 多样的边缘计算能力

INDICS EDGE 系列产品拥有强大的边缘计算能力,支持本地存储、公式编辑、虚拟专网、事件报警等基本边缘计算功能及应用。

5. 较高的安全级别

INDICS EDGE 系列产品具有高安全性,支持断点续传、变化上传,保证数据无损传输及网络宽带的可靠接入和应用。

5.4　应　用　场　景

按照数据应用所处的产品生产制造过程及用途的不同将云平台工业数据应用场景分为生产过程管理与优化、生产设备管理与运维和产品状态监测及预防性维护三类,如图 5-2 所示。

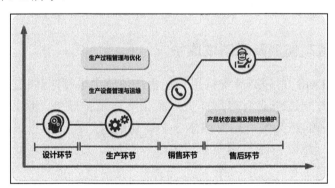

图 5-2　工业数据应用场景

5.4.1　生产过程管理与优化

INDICS EDGE 系列产品应支持用户在生产环节中进行生产过程管理与优化,用于生产制造企业对生产过程进行管理和优化,提升生产效率。其主要功能包括供应链协作配套、质量数据监控分析、质量事件预警、工艺流程生产数据监测和工艺流程优化分析。其数据来源主要有如下几种。

(1)传感器信息。INDICS EDGE 系列产品通过在设备上安装传感器获取数据。

(2)产线控制系统内部信息。INDICS EDGE 系列产品通过设备通信接口获取数据。

(3)质量检测终端设备信息。INDICS EDGE 系列产品通过设备通信接口获取数据。

(4)产线质量计划信息。INDICS EDGE 系列产品通过集成质量管理系统获取数据。

5.4.2　生产设备管理与运维

INDICS EDGE 系列产品应支持用户在生产环节中进行生产设备管理与运维，用于生产制造企业对优化设备进行管理与运维，降低生产设备损耗，提高设备利用率。主要功能包括远程监控与报警、能耗管理与能效分析和设备利用率分析预测。其数据来源有如下几种。

(1)传感器信息。INDICS EDGE 系列产品通过在设备上安装传感器获取数据信息。

(2)控制系统内部信息。INDICS EDGE 系列产品通过设备通信接口获取数据信息。

(3)视频监控信息。INDICS EDGE 系列产品通过集成视频监控系统获取数据信息。

5.4.3　产品状态监测及预防性维护

INDICS EDGE 系列产品支持用户在生产环节中进行产品状态监测及预防性维护，用于生产制造企业为客户提供产品预防性维护服务，缩短产品售后及维修响应时间，降低产品售后运维成本。主要功能包括性能趋势预测、维修预报、零件寿命预测、故障诊断与溯源和设备远程调试。其数据来源包括传感器信息和控制系统内部信息。

(1)传感器信息。INDICS EDGE 系列产品通过在设备上安装传感器获取数据信息。

(2)控制系统内部信息。INDICS EDGE 系列产品通过设备通信接口获取数据信息。

此外，工业互联网网关 INDICS EDGE 系列产品还可应用于智能制造、能源行业、智能家居以及工业机器人等行业。

5.5　使 用 指 南

5.5.1　连接至 INDICS 平台

企业用户在连接至 INDICS 平台前，需进行注册，并填写设备接入配置信息，设备接入流程如图 5-3 所示。

图 5-3　设备接入流程

步骤一：注册成为航天云网用户。

(1)进入注册页。用户输入网址 http://www.casicloud.com，进入网页，单击页面右上方"用户注册"进行注册，如图 5-4 所示。

图 5-4　INDICS 平台首页

(2)填写注册信息。进入注册页面，填写手机号、会员姓名、设置密码、确认密码、图片验证码及短信验证码等信息。按要求填写完全后，单击下方"立即注册"即可注册成功，如图 5-5 所示。

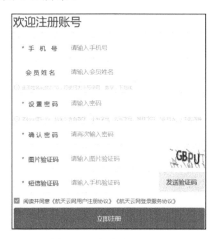

图 5-5　账号注册界面

（3）成为企业用户。需要注意的是，注册成功之后该账户为个人用户。若想成为企业用户，单击"成为企业用户"，填写企业名称，系统自动验证。

步骤二：设备接入申请。访问 http://developer.casicloud.com，登录用户需进一步进行设备接入申请。在首页选择"产品与服务"→"设备接入工具"，单击"物联网应用工具"→"申请使用"。在页面单击"设备接入申请"，填写接入申请信息后并提交，等待运营专员审核，如图 5-6 所示。

图 5-6　设备接入申请界面

步骤三：设备接入配置。

（1）接入方案规划。企业进行设备接入云平台前，需对准备接入的设备（如设备型号、设备类型等）及需要采集的数据点进行分类整理。推荐如下两种规划路径。

推荐路径一：确定具体接入设备—接入设备按型号分类—确定每个型号的数据采集点—确定型号采集点的显示名称和数据上传的识别名称（记录名称）。

推荐路径二：确定接入设备型号—确定每个型号的数据采集点—确定型号采集点的显示名称和数据上传的识别名称（记录名称）—确定每种型号下设备台数。

（2）创建设备型号。在云平台中，用设备型号来表示某类设备的单元，用户需首先创建设备型号来对设备的单元进行管理。设备注册时通过选择设备型号进行快速添加及管理。

①在左侧设备管理列表中选择"设备型号"，单击"创建设备型号"，如图 5-7 所示。

图 5-7　设备管理-设备型号列表界面

②填写设备名称、型号、描述，选择设备制造商、配套服务商、分类，然后上传图标，单击"确认"完成设备型号创建。其中，设备名称、型号和设备制造商不可为空，如图 5-8 所示。

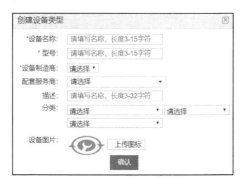

图 5-8　设备型号信息编辑界面

③设备类型创建成功后，会从设备型号列表页看到刚刚创建的型号，对该型号需采集的采集点进行配置，如图 5-9 所示。

图 5-9　设备型号列表界面

④单击"采集点"，对型号添加采集点，系统默认所有设备的型号统一分配一个采集点，即标识运行状态记录，记录值为"state"，建议不要对此采集点进行编辑或删除操作。如果用户只对设备的运行状态进行采集，无须配置采集点信息，直接使用默认分配的"state"即可，如图 5-10 所示。

图 5-10　采集点列表界面

⑤单击"添加采集点"，可对该型号进行采集点添加。其中"记录名称"为用户上传数据时对该采集点的唯一标识；"显示名称"为该采集点的中文含义；"数据类型"分为数值、布尔、枚举、字符串、二进制字符串，由用户根据采集点的实际设置进行选择，如图 5-11 所示。

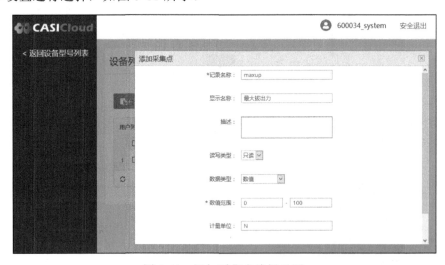

图 5-11　添加采集点编辑界面

⑥添加完采集点后，设备型号设置完成，用户可以到设备列表中添加设备（设备注册）。

(3)创建设备组。添加设备之前,建议先进行设备组维护。设备组作为设备的一个可选属性,主要作用是方便用户后续进行设备管理和配置。

①在设备管理列表中选择"设备组",单击"创建设备组",如图 5-12 所示。

图 5-12　创建设备组界面

②选择设备路径(即选择需要添加的设备组所在的上一级设备组),单击一次进行选择,填写设备名称、类型、描述。填写完成后单击"确定"完成设备组创建,其中"设备名称"不能为空,如图 5-13 所示。

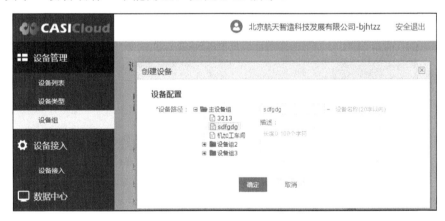

图 5-13　选择设备路径界面

(4)添加设备。将创建的设备关联设备型号及设备组。

①在设备管理列表中选择"设备列表",单击"创建设备",如图 5-14 所示。

②填写设备名称、设备编号、设备描述、安装地点,选择设备型号、设备组,单击"确认"完成设备型号创建。其中,"设备名称"不可为空,"设备型号"中选择创建的设备型号(必选)。若在"创建设备"时无法选择设备型号,请检查设备型号是否已创建,如图 5-15 所示。

图 5-14　创建设备界面

图 5-15　创建设备填写信息界面

③设备添加成功后，会显示在设备列表中，用户将需要接入的设备，逐条注册到系统中，以便后续进行设备接入操作时进行关联选择，如图 5-16 所示。

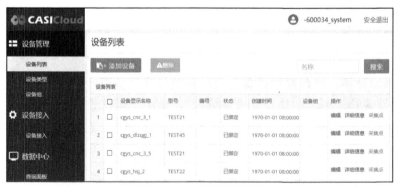

图 5-16　设备列表界面

　　步骤四：创建云平台网关。

　　（1）创建网关。在一个实例下可以包含多个网关。如图 5-17 中，单击"创建实例"进行网关创建。单击"配置实例"进入网关列表，如图 5-18 所示。单击"创建网关"进行网关创建，如图 5-19 所示。

图 5-17　实例列表界面 a

图 5-18　网关列表界面 a

图 5-19　创建网关界面

（2）建立安全身份。单击"下一步"为网关关联一个安全访问身份。通过设置身份为网关增加一层安全防护，身份将作为系统为网关生成 accessKey 时的一个必要条件，若用户后续更改网关的关联身份，会重新生成 accessKey，接入项目后需同步更改 accessKey，如图 5-20 所示。

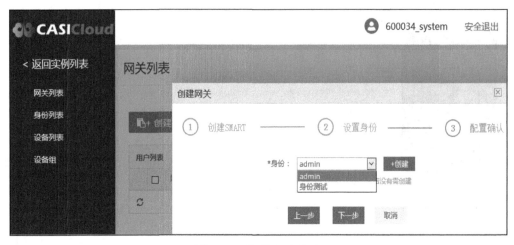

图 5-20　关联身份界面

步骤五：配置数据网关。

网关创建成功后，对网关进行配置，关联设备，如图 5-21 所示。

图 5-21　网关列表界面 b

（1）挂载设备。单击"配置"，"SMART 配置"内容若无变更，则无须修改，如图 5-22 所示。单击"下一步"，进行挂载设备，如图 5-23 所示。

（2）配置确认。选择通过此网关进行数据上传的设备，进行配置确认，如图 5-24 所示。

图 5-22　配置网关界面

图 5-23　挂载设备界面

图 5-24　配置确认界面

（3）关联网关。确认无误后单击"确认"，设备会关联到网关。记录网关下关联的设备 id，以便后续上传数据时使用。

（4）生成参数密钥。返回列表，可以看到系统已为网关生成了 iotid、accessKey，至此，设备已获得数据接入上传所需的请求密钥，如图 5-25 所示。

图 5-25   网关列表界面 c

5.5.2   使用 Node-RED 工具配置

为了便于客户对 INDICS EDGE 进行配置和管理，借助强大的可视化编程工具 Node-RED，开发了一套专门针对 INDICS EDGE 的配置节点。通过编辑节点属性及构建"流"（Flows）的形式，来实现对该网关通信协议及数据采集内容的简易配置，从而满足客户快速连接硬件设备和设备数据上云的诉求。

对 INDICS EDGE 的配置，可通过以下两种方式。

（1）自动导入（推荐）。根据 INDICS 平台导出的 import 文件，生成相应的节点流，在补充节点必要参数后，单击"开始"就能生成相应的配置文件。

（2）手动录入。通过手动拉入配置节点，填写必要的节点参数，并根据一定的原则完成连线，就能够制作出一个完整的节点流，单击"开始"就能生成相应的配置文件。

下面以自动导入为例，介绍如何快速完成 INDICS EDGE 的配置。

步骤一： INDICS 平台生成 import.json。参照工业智能云系统接入指南，在云平台填写完整正确的设备接入信息。

（1）选择"控制台"→"设备接入"→"配置实例"，如图 5-26 所示。

（2）单击"导出"，将×××××××××××××××.json（iotid.json）文件保存至本地计算机，如图 5-27 所示。

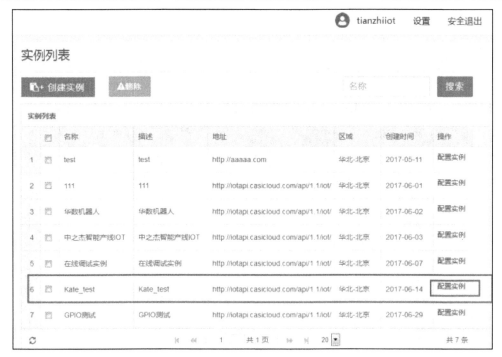

图 5-26　实例列表界面 b

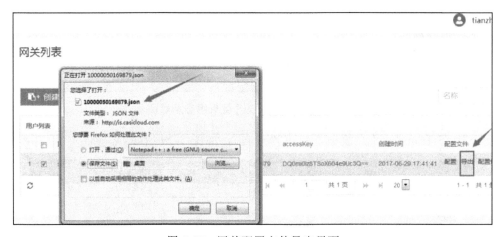

图 5-27　网关配置文件导出界面

(3) 修改××××××××××××.json(iotid.json)文件名为 import.json。

步骤二：U 盘导入 import.json。

在 U 盘根目录下创建 iot_config 文件夹。

①将需要导入的文件 import.json 复制至 U 盘 iot_config 文件夹内。

②将 U 盘插入 INDICS EDGE 网关，等待 10 秒，即可完成 import.json 文件的导入。

步骤三：上传并解析 import.json。

(1) 在浏览器地址栏输入 IP：192.168.10.2:1880（IP 为 INDICS EDGE 网关的 IP 地址），登录 Node-RED，如图 5-28 所示。

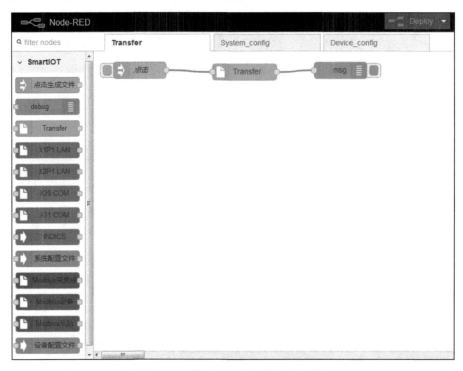

图 5-28　网关配置文件解析组态示意图

(2) 在 Transfer 节点流中，单击"点击"，如图 5-29 所示。

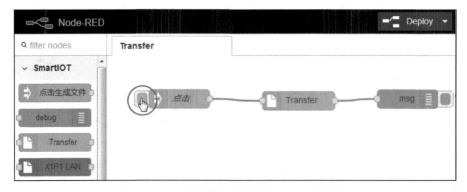

图 5-29　开启解析流程界面(json 文件解析)

（3）刷新浏览器，在菜单栏 Import/Library/config，完成 import.json 文件的上传，如图 5-30 所示。

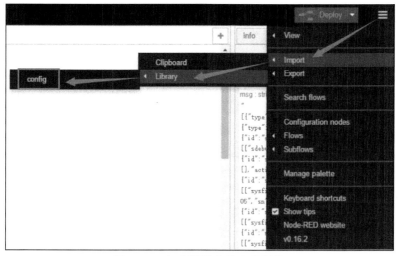

图 5-30　完成配置文件上传操作

（4）编辑窗口，自动生成 System_config、Device_config 配置节点流，如图 5-31 所示。

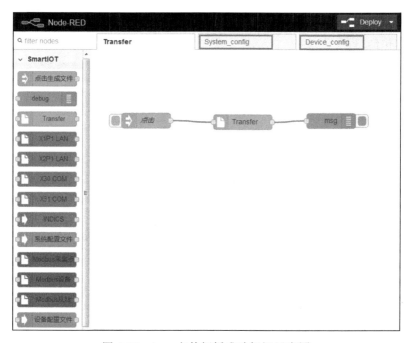

图 5-31　json 文件解析成功标识示意图

步骤四：配置节点。

（1）进入 System_config 配置页面，如图 5-32 所示。

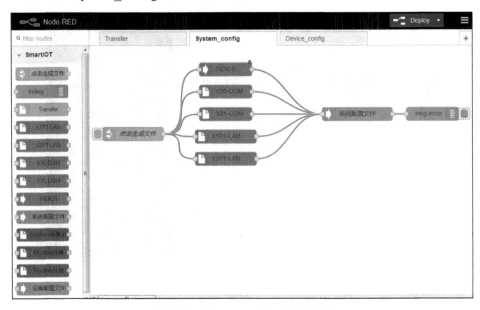

图 5-32　System_config 配置界面

（2）选择需要编辑的节点（以 **X31-COM** 为例），设置其配置项，单击"Done"保存，如图 5-33 所示。

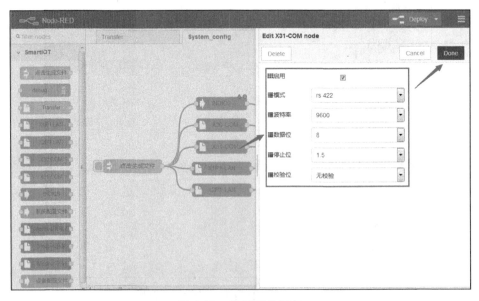

图 5-33　编辑节点保存

需要注意的是，"点击生成文件""系统配置文件"保持默认配置。

（3）进入 Device_config 配置页面，节点编辑方式同上，如图 5-34 所示。

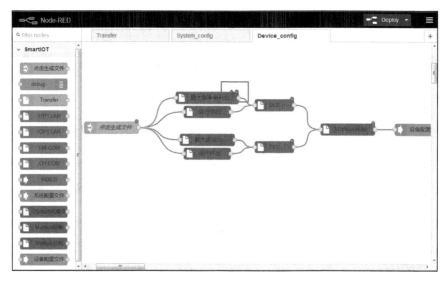

图 5-34　节点编辑界面

需要注意的是，节点上三角表示该节点配置项参数有遗漏；节点上圆圈表示该节点配置项有修改。

（4）若添加节点，则选中对应节点，将其拖拽至流编辑窗口内连线即可，如图 5-35 所示。

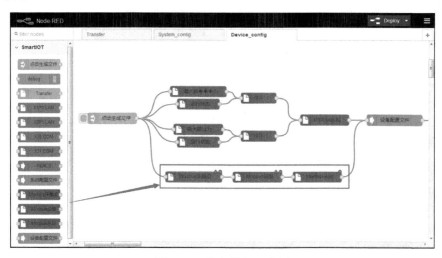

图 5-35　节点编辑示意图

需要注意的是，编辑 Device_config 流时，请注意 Modbus 采集点、Modbus 设备、Modbus 从站的从属关系。

步骤五：下载配置文件。

（1）完成配置后，单击"Deploy"，下载流文件，如图 5-36 所示。

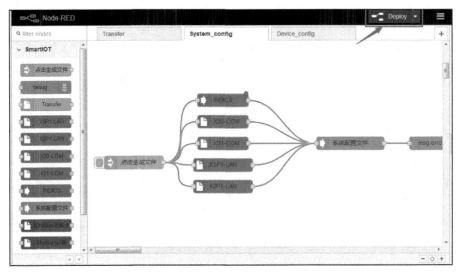

图 5-36　Deploy（部署）流文件界面

（2）进入 System_config 页面，单击"点击生成文件"，完成系统配置文件部署，如图 5-37 所示。

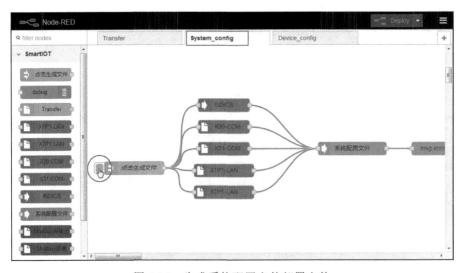

图 5-37　生成系统配置文件部署文件

（3）进入 Device_config 页面，单击"点击生成文件"，完成设备配置文件部署，如图 5-38 所示。

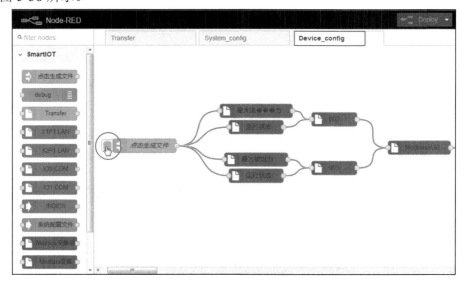

图 5-38　完成设备配置文件部署

步骤六： 配置文件生效。

对 INDICS EDGE 手动断电重启后，配置文件即可生效。

5.5.3　配置网关

工业物联网网关在线下安装部署完成后，根据设备接入的需要，配合物联网接入工具进行线上的网关配置。网关配置分为两种：一种是 INDICS EDGE 网关配置，另一种是虚拟网关配置。本节内容即为 6.5.3 节进行配置网关操作指导。

1. 设置 INDICS EDGE 网关

当企业选择部署 INDICS EDGE 网关将设备数据发送到物联网接入工具时，需要在物联网接入工具中继续配置 INDICS EDGE 网关。

需要注意的是，可以在设备列表的设备详情中查看设备挂载的网关。当 IoT 网关是第三方网关时，请在"网关列表"中选择已完成网关配置的网关，单击"配置下载"。保存下载的 json 配置文件，用于企业侧 IoT 网关配置。

（1）在物联网接入工具菜单中，单击"物接入"→"网关列表"。

（2）在网关列表中，选择需要进行配置的网关，单击"配置网关"，如图 5-39 所示。

图 5-39　网关列表

(3)配置网关端口，如图 5-40 所示。

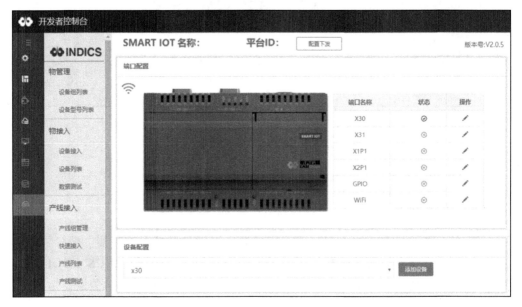

图 5-40　配置网关端口

端口配置区域中，在端口列表中单击需要挂载的端口后的"✏"。需要注意的是，INDICS EDGE 网关共有 6 个端口，其中 X30/X31 端口为串口，X1P1/X2P1 端口为网口，GPIO 端口为通用输入输出接口(当传感器仅支持输出模拟量和数字量时选择此接口)，Wi-Fi 端口为无线接口，如图 5-41～图 5-44 所示。

启用并配置端口参数，单击"保存"。

(1)在界面下方单击"添加设备"。需要注意的是，"添加设备"下拉列表框中显示挂载的设备。通过配置设备挂载的接口，可以指定设备接入的网关接口，如图 5-45 所示。

图 5-41　X30/X31 端口设置

图 5-42　X1P1/X2P1 端口设置

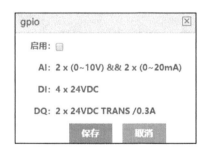

图 5-43　GPIO 端口设置

图 5-44　Wi-Fi 端口设置

图 5-45　添加设备

(2)配置设备挂载的端口,并指定设备接入网关的通信协议,然后单击"确定",如图 5-46 所示。

(3)配置 INDICS EDGE 网关下行通信协议解析设备的详细配置参数。

图 5-46　添加设备

①MODBUS RTU 协议配置界面如图 5-47～图 5-50 所示。

图 5-47　MODBUS RTU 协议配置界面 a

图 5-48　MODBUS RTU 协议配置界面 b

图 5-49　MODBUS RTU 协议配置界面 c

图 5-50　MODBUS RTU 协议配置界面 d

②MODBUS TCP 协议配置界面如图 5-51～图 5-54 所示。

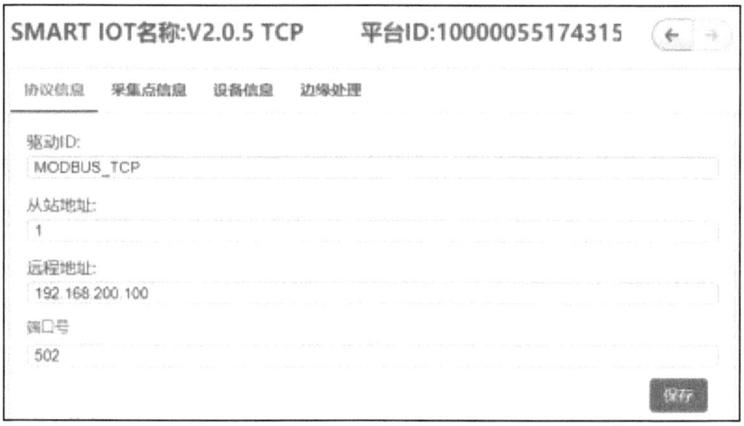

图 5-51　MODBUS TCP 协议配置界面 a

图 5-52　MODBUS TCP 协议配置界面 b

图 5-53　MODBUS TCP 协议配置界面 c

图 5-54　MODBUS TCP 协议配置界面 d

③OPC UA 协议配置界面如图 5-55～图 5-58 所示。

图 5-55　OPC UA 协议配置界面 a

图 5-56　OPC UA 协议配置界面 b

图 5-57　OPC UA 协议配置界面 c

图 5-58　OPC UA 协议配置界面 d

④S7 协议配置界面如图 5-59～图 5-62 所示。

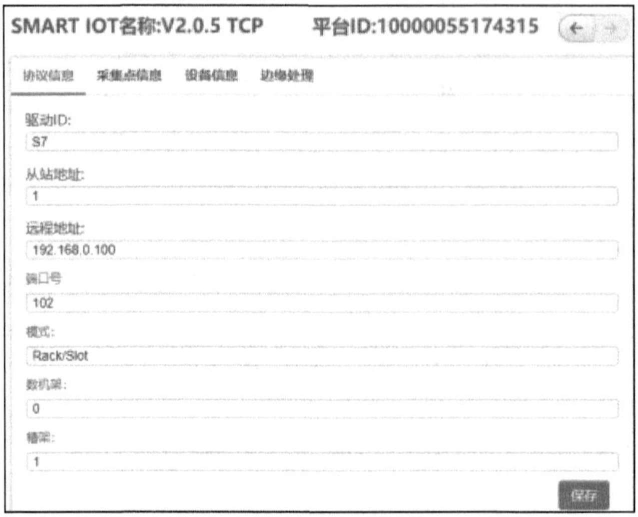

SMART IOT名称:V2.0.5 TCP　　平台ID:10000055174315　　← →

协议信息　采集点信息　设备信息　边缘处理

驱动ID:
S7

从站地址:
1

远程地址:
192.168.0.100

端口号:
102

模式:
Rack/Slot

数机架:
0

精深:
1

保存

图 5-59　S7 协议配置界面 a

图 5-60　S7 协议配置界面 b

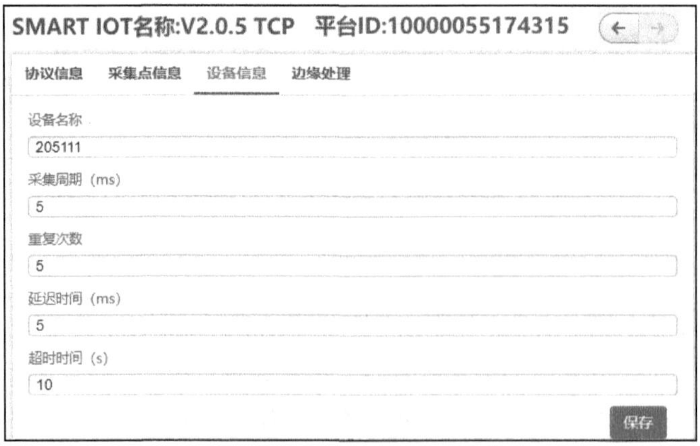

SMART IOT名称:V2.0.5 TCP　　平台ID:10000055174315　　← →

协议信息　采集点信息　设备信息　边缘处理

设备名称
205111

采集周期（ms）
5

重复次数
5

延迟时间（ms）
5

超时时间（s）
10

保存

图 5-61　S7 协议配置界面 c

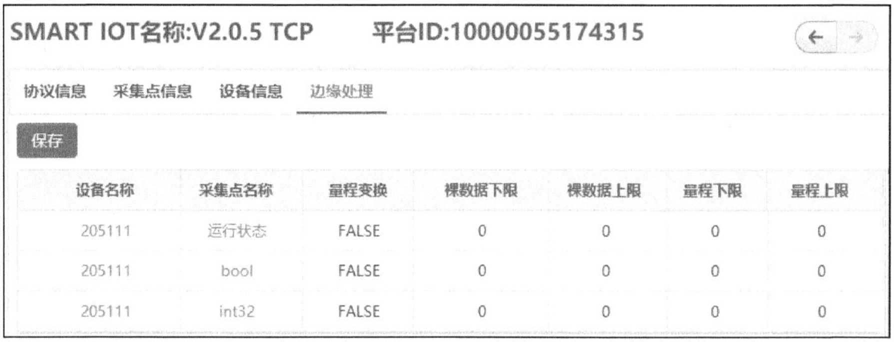

SMART IOT名称:V2.0.5 TCP　　　　平台ID:10000055174315　　　　← →

协议信息　采集点信息　设备信息　边缘处理

保存

设备名称	采集点名称	量程变换	裸数据下限	裸数据上限	量程下限	量程上限
205111	运行状态	FALSE	0	0	0	0
205111	bool	FALSE	0	0	0	0
205111	int32	FALSE	0	0	0	0

图 5-62　S7 协议配置界面 d

⑤GPIO 协议配置界面如图 5-63～图 5-65 所示。

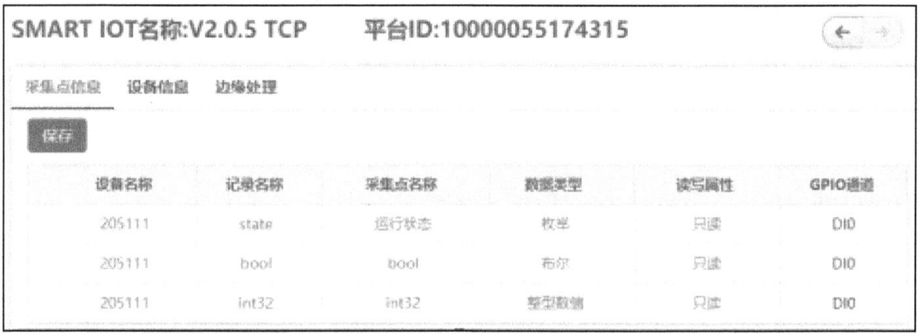

SMART IOT名称:V2.0.5 TCP　　　　平台ID:10000055174315　　　　← →

采集点信息　设备信息　边缘处理

保存

设备名称	记录名称	采集点名称	数据类型	读写属性	GPIO通道
205111	state	运行状态	枚举	只读	DIO
205111	bool	bool	布尔	只读	DIO
205111	int32	int32	整型数值	只读	DIO

图 5-63　GPIO 协议配置界面 a

SMART IOT名称:V2.0.5 TCP　　　平台ID:10000055174315　　← →

采集点信息　设备信息　边缘处理

设备名称
205111

采集周期（ms）
5

重复次数
5

延迟时间（ms）
5

超时时间（s）
10

保存

图 5-64　GPIO 协议配置界面 b

(4) 在界面上方单击"配置下发"，下发配置或保存 json 配置文件。

(5) (可选)参考 json 配置文件，用于企业侧 IoT 网关配置。

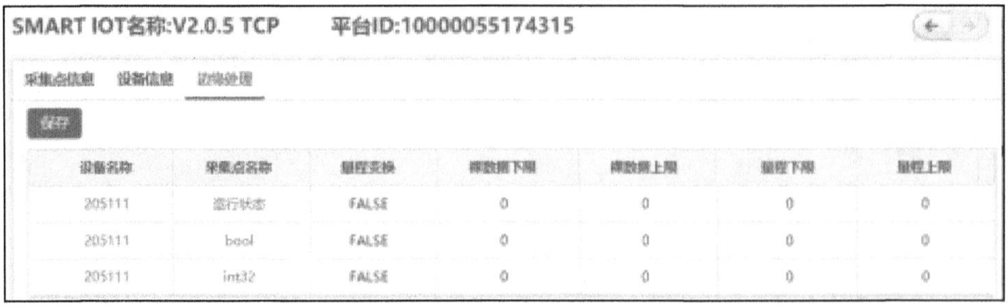

图 5-65　GPIO 协议配置界面 c

2. 虚拟网关

当企业无法部署物理网关，需要通过软件系统将设备数据发送到物联网接入工具时，需要配置企业软件系统与虚拟网关对接。

创建虚拟网关的具体操作，请参见 5.5.1 节。

5.5.4　节点说明

工业互联网网关配置过程中所涉及的节点说明见表 5-1。

表 5-1　节点说明

Node（节点）	Purpose（用途）	Description（描述）
点击生成文件	触发后可生成配置文件	生成并部署设备配置文件
debug	提示相关操作信息	用于逐指令执行某个程序以验证程序运行的正确性
Transfer	根据云平台导出的 import.json 文件生成节点流	选择菜单栏的 Import/Library/config，完成文件解析并生成 System_config、Device_config 配置节点流
X1P1 LAN	配置网口 X1P1	配置项：网口模式、IP、子网掩码、网关、DNS1、DNS2
X2P1 LAN	配置网口 X2P1	配置项：网口模式、IP、子网掩码、网关、DNS1、DNS2
X30 COM	配置串口 X30	配置项：串口模式、波特率、数据位、停止位、校验位
X31 COM	配置串口 X31	配置项：串口模式、波特率、数据位、停止位、校验位
INDICS	配置云平台参数	配置项：网关 ID、序列号、网关名称、网络模式、网络协议、上传接口、accessKey
系统配置文件	收集系统配置信息生成系统配置文件	生成 System_config.json
Modbus 设备	配置 Modbus 设备	配置项：设备名称、设备 ID、采集点个数
Modbus 采集点	配置 Modbus 的数据采集点	配置项：设备名称、记录名、显示名称、数据类型、读写属性、寄存器区、偏移地址、数据类型
Modbus 从站	配置 Modbus 从站，采集和上传参数	配置项：从站名称、从站描述、设备个数、采集周期、上传周期、重试次数、延迟时间、超时时间、驱动 ID、从站地址、功能码、编码格式、最大包间隔、最大包长度、IP 地址、端口或串口编号
设备配置文件	收集设备配置信息生成设备配置文件	生成 Device_config.json

第6章 物联网接入工具

物联网接入工具可以快速实现第三方网关或设备与云平台建立双向可靠连接，提供丰富的面向应用场景的平台 API，用于海量设备数据采集、数据分析与可视化监测场景。用户可根据使用场景和安全要求指定自己的存储策略，使用平台 SDK(software development kit，软件开发工具包)功能和丰富的 API 功能来满足用户快速数据接入和查询使用。

6.1 产品概述和目标用户

1. 概述

物联网接入工具是基于 INDICS 平台帮助建立设备到云端之间的可靠连接，并提供智能、功能丰富的设备管理平台，提供设备接入、数据接入、设备管理、数据存储、数据分析、数据建模等服务，支撑海量设备的数据收集、监控、预测，形成对设备的层级管理、监测和维护保养等场景。物联网应用管理平台实现了资产管理、能效分析、设备地图等实用功能，可以帮助用户达到降低成本、提高设备工作效率的目的，如图 6-1 所示。

图 6-1 物联网接入工具系统界面

2. 目标用户

物联网接入工具以工业企业和园区、行业龙头企业为目标客户。

6.2　主要功能及服务

6.2.1　主要功能

物联网接入工具通过虚拟网关和 INDICS EDGE 物理网关两种方式实现设备接入及数据实时采集,对下提供设备标识、时序、控制和安全接入 API,作为平台下行 API 的一部分对外提供设备接入服务;对上提供设备状态类、时序类和分析类 API,作为平台上行 API 的一部分对外提供物联网服务。物联网接入工具主要包括物管理、物接入等八大功能,其产品业务架构及技术架构分别如图 6-2 和图 6-3 所示。

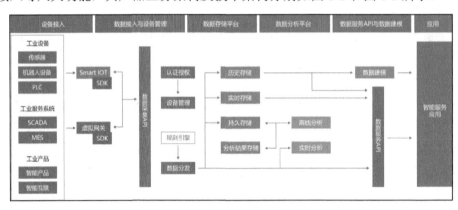

图 6-2　产品业务架构图

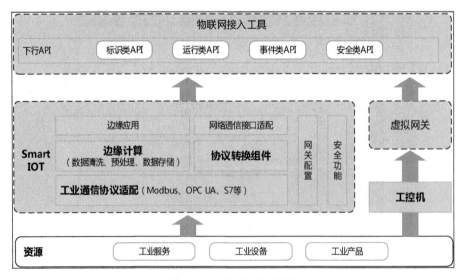

图 6-3　产品技术架构图

物联网接入工具主要有如下功能。

1. 物管理

物联网接入工具能够实现型号、网关、设备管理，可满足设备管理业务场景需求，帮助建立设备到云端的可靠连接。

2. 物接入

物联网接入工具能够支持 HTTP(S)、MQTT 两种方式接入，可满足设备数据接入业务场景需求，提供智能、功能丰富的设备管理平台。

3. API 接入

物联网接入工具能够提供完善标准的物连接 API，用户注册开发者中心后，可调用相应的 API 完成物连接，便于第三方集成调用。

4. 可视化操作

物联网接入工具整个功能基于 B/S 架构，提供可视化 Web 管理页面，操作简便、快捷。

5. 认证授权

物联网接入工具能够通过用户信息、网关信息、设备信息实现设备的认证，确保只有合法的设备才可以接入平台，同时对传输通道全面加密，确保数据的安全。

6. 数据存储平台

物联网接入工具能够支持历史存储一个月，持久存储一年，实时存储一天，分析结果存储等；支持 TB/PB 量级数据存储。

7. 数据计算、分析平台

物联网接入工具能够提供实时数据分析引擎、离线数据分析引擎，提供大数据分析算法库。

8. 数据云监测

物联网接入工具能够支持数据实时展示，可满足对采集点数据实时、历史监测业务。

6.2.2　服务

从另一个角度来看，物联网接入工具有两面性：一是对下可以提供快速的设备接入服务；二是对上可提供 APP 快速开发与运行的能力。

1．提供设备快速的设备接入服务

(1)支持海量异构设备的接入。

(2)支持边缘计算的智能分析和处理。

(3)自主可控的智能网关。

(4)支持 21 类设备。

(5)提供 API + INDICS EDGE 两种方式接入。

(6)提供边缘高性能计算功能，支持边缘侧设备分析和处理。

(7)军工级别的安全可靠网关，提供高可靠和高性能接入。

(8)支持设备协议、应用可扩展接入。

2．提供 APP 快速开发与运行的能力

(1)支持多种语言开发，兼容主流硬件设备。

(2)可与大数据服务进行无缝对接，以数据分析驱动业务进步。

(3)提供开放 API 和微服务组件服务，支持原生应用 APP 和第三方 APP 的系统对接。

(4)提供五大核心工业引擎和三大建模开发套件。

(5)提供 79 种通用模型和算法。

(6)提供用户中心、设备中心等用户和设备的统一接入。

弹性伸缩的容器化服务、动态编排的微服务，支持 APP 的高可靠性、可扩展接入和运行。

6.3　产　品　特　点

基于 INDICS 平台的物联网接入工具产品特点如图 6-4 所示。其优势体现在以下方面。

1．多协议支持

基于 INDICS 平台的物联网接入工具能够支持虚拟网关、智能网关两种方式设备接入，支持多种数据通信协议，如工业总线协议支持 MODBUS RTU、MODBUS TCP、S7，数据传输协议支持 HTTP(S)、MQTT，无线通信协议支持 Wi-Fi、GPRS、4G、3G、NB-IOT 等多种通信协议。

2．丰富的平台 API

基于 INDICS 平台的物联网接入工具能够提供设备元数据、设备状态监控、设备分析、远程运维等开放的标准 API，可通过调用 API 完成物连接，方便第三方平台接入。

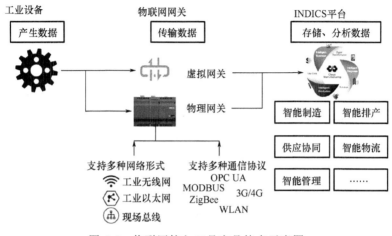

图 6-4　物联网接入工具产品特点示意图

3. 快速接入

基于 INDICS 平台的物联网接入工具能够支持设备快速接入，用户可在云端进行线上配置。

4. 实时监测

基于 INDICS 平台的物联网接入工具能够与 INDICS 平台无缝对接，用户可以快速在 INDICS 平台上查看设备的运行数据、监测实时数据等，提供设备的可视化实时云监测、提供数据的可视化云监测，确保用户实时掌握设备状态。

5. 数据分析

基于 INDICS 平台的物联网接入工具能够提供强大的 INDICS 平台大数据分析算法库，包含平台通用算法、工业机器人算法、能源类算法、高端装备制造类算法等；提供实时、离线多种数据分析引擎，可基于上述算法进行设备故障分析、预防性维修和远程诊断，以降低设备维护成本，提高设备利用率。

6. 安全可靠

基于 INDICS 平台的物联网接入工具能够支持身份认证与权限管理，通过 SSL（secure sockets layer，安全套接层）保证数据安全传输，对参数进行完整性和有效性检查，关键数据加密。数据从设备到云端以及从云端到设备安全可以进行稳定的消息传输。

6.4　应 用 场 景

物联网接入工具能通过提供丰富的数据采集协议、强大的协议转换能力和主流的数据上传协议，满足覆盖机械加工、环境试验等 21 类不同工业领域的设备数据采集需求，适用于智能装备、智能工厂、智慧产业生态等虚实结合的数字化业务场景，具体如下所述。产品应用场景示意图如图 6-5 所示。

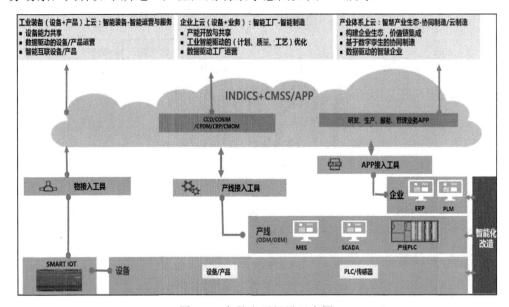

图 6-5　产品应用场景示意图

1.智能装备

为智能装备业务场景提供智能运营与服务，实现工业装备(设备+产品)上云，主要体现在以下方面：

(1) 设备能力共享。

(2) 数据驱动的设备/产品运营。

(3) 智能互联设备/产品。

2. 智能工厂

对智能工厂进行智能化改造，实现企业(设备+业务)上云，主要体现在以下方面：

(1) 产能开放与共享。

(2) 工业智能驱动的(计划、质量、工艺)优化。

(3)数据驱动工厂运营。

3. 智慧产业生态

针对智慧产业生态提供协同制造/云制造服务，实现产业体系上云，主要体现在以下几方面：

(1)构建企业生态，价值链集成。

(2)基于数字孪生的协同制造。

(3)数据驱动的智慧企业。

6.5　使 用 指 南

6.5.1　前提条件

如果要完成设备接入，需要提前完成以下两个任务。

任务一：注册企业账户。

访问物联网接入工具，需要首先在 INDICS 平台注册企业账户，具体方法见 5.5.1 节。

任务二：设备接入申请。

(1)将鼠标移到航天云网平台首页主菜单"开发者中心"，在展开的菜单下单击"物联网接入工具"，或输入网址 http://developer2019.casicloud.com/index/product/internetApplatform.ht，进入页面，如图 6-6 所示。

图 6-6　物联网接入工具入口

(2)在产品介绍页面单击"申请使用"，如图 6-7 所示。

(3)产品服务购买界面。当前设备接入均为免费申请，用户单击"去申请"完成物联网接入工具申请操作，如图 6-8 所示。

图 6-7　物联网接入工具申请使用入口

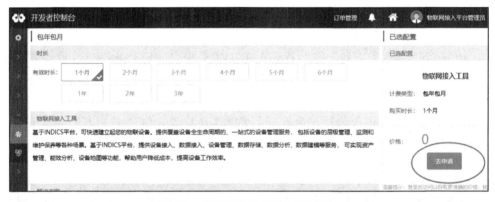

图 6-8　物联网接入工具申请界面

(4) 系统管理员在 3 个工作日内对申请进行审批，完成物联网接入工具申请。

6.5.2　物管理

步骤一：创建设备组添加设备之前，建议先进行设备组维护。设备组作为设备的一个可选属性，主要作用为方便用户后续进行设备管理和配置，具体操作方法如下。

(1) 登录 INDICS 主页，进入物联网接入工具，在左侧树菜单中单击"物管理"。

(2) 在"设备组列表"页面，单击"创建设备组"，如图 6-9 所示。

(3) 在弹出的对话框中，选择设备组路径，输入设备组的名称和描述，单击"确认"，如图 6-10 所示。

图 6-9　设备组列表界面

图 6-10　设备组信息确认界面

(4)在弹出的对话框中单击"确定",创建成功。

步骤二: 创建设备型号。云平台中用设备型号来表示某类设备的单元,用户需要首先创建设备型号来对设备的单元进行管理。设备注册时通过选择设备型号进行快速添加及管理,如图 6-11 所示。

(1)登录航天云网主页,并进入物联网接入工具页面。

(2)在左侧树菜单中单击"物管理"。

(3)在物联网接入工具菜单"物管理"中,选择"设备型号列表"。

(4)在"设备型号列表"页面,单击"创建设备型号",如图 6-12 所示。

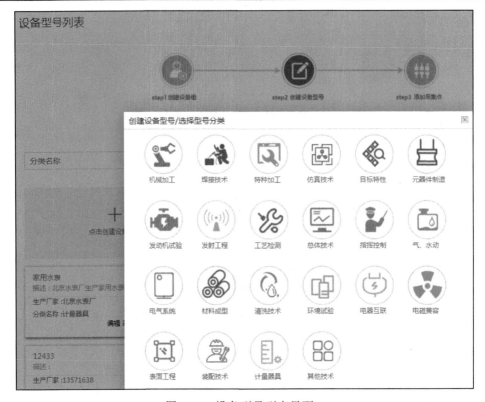

图 6-11　设备型号列表界面 a

图 6-12　设备型号列表界面 b

(5)在弹出的对话框中配置设备型号信息,单击"确认",如图 6-13 所示。

步骤三:添加采集点,如图 6-14 所示。

创建完成设备型号后，对其型号的采集点进行编辑，步骤如下：

(1)在物联网接入工具菜单中，选择"物管理"→"设备型号列表"。

(2)在需要添加采集点的设备型号中，单击"采集点"。

图 6-14　设备型号列表界面 c

(3)在弹出的页面中,单击"添加采集点"。需要注意的是,默认的采集点"state"不允许编辑或删除，如图 6-15 所示。

(4)在弹出的"添加采集点"对话框中，配置采集点参数，如图 6-16 所示。

(5)单击"确认"，添加采集点成功。

图 6-15　采集点列表界面

图 6-16　采集点配置界面

6.5.3　物接入

设备接入即根据设备的实际情况，归属到已经创建好的设备组与设备型号类目中，通过接入设备，获取采集点数据所需要的身份验证以及安全验证密钥等内容。同时，可以对网关类型进行选择，并对网关进一步设置，达到连接设备与平台的目的。

设备接入是由设备接入员进行操作的，需要登录设备接入员账号。

步骤一：设备快速接入，如图 6-17 所示。

图 6-17 设备快速接入界面

（1）在物联网接入工具菜单中，选择"物接入"→"设备列表"。

（2）单击"快速接入设备"。

（3）配置基本的设备信息和网关信息，单击"下一步"。需要注意的是，当选择设备通过快速接入方式接入云平台时，仅需要自定义配置必需的参数，其余参数系统默认配置，包括设备挂载的网关和网关的身份。快速接入功能的网关协议类型仅支持 HTTP（S）、公有 MQTT，网关类型支持虚拟网关，如需创建协议类型为私有 MQTT 或网关类型为 INDIC EDGE 网关，按如图 6-18 所示设置。

图 6-18 设备自定义参数及协议选择界面

（4）在配置确认界面确认配置信息，单击"保存"，如图 6-19 所示。

图 6-19　配置确认界面

（5）在弹出的对话框中单击"提交"。

此外，该系统还需自动完成的网关配置为平台端的网关配置，企业端网关的配置，具体操作请参见 5.5.3 节。

步骤二：创建设备是指配置网关的前置任务，否则无法在创建网关的配置流程中挂载设备，其操作步骤如下：

（1）在物联网接入工具菜单中，选择"物接入"→"设备列表"。

（2）单击"创建设备"，如图 6-20 所示。

图 6-20　设备列表界面

(3)配置基本的设备信息,单击"下一步",如图 6-21 所示。

(4)在"配置确认"界面确认配置信息,单击"保存",如图 6-22 所示。

图 6-21 设备信息配置界面

图 6-22 配置确认界面

(5)在弹出的对话框中,单击"提交"。

步骤三:创建网关。

1. 创建 HTTP(S)网关

(1)在物联网接入工具菜单中,选择"物接入"→"网关列表",如图 6-23 所示。

(2)单击"创建网关"。

图 6-23　网关列表界面

(3)通信协议选择 HTTP(S)，配置网关相关的参数，单击"下一步"。需要说明的是，HTTP 接入地址为 http://iotapi.casicloud.com/api/1.1/iot/，如图 6-24 所示。

图 6-24　创建网关界面

(4)选择已有的身份或创建新的身份，单击"下一步"。需要注意的是，创建 HTTP(S)身份时填写用户名即可，如图 6-25 和图 6-26 所示。

图 6-25　身份选择界面 a

图 6-26　配置身份界面 a

（5）选择设备并挂载设备到网关，单击"下一步"，如图 6-27 所示。

图 6-27　挂载设备选择界面 a

（6）在"配置确认"界面确认配置信息，单击"保存"，如图 6-28 所示。

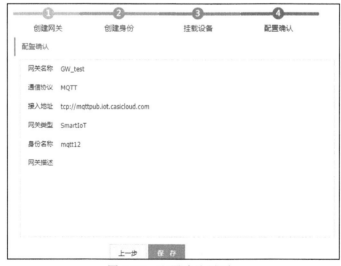

图 6-28　配置确认界面 a

2. 创建公有 MQTT 协议网关

(1)同 HTTP 接入方式。

(2)通信协议选择"MQTT",协议属性选择"公有",配置网关相关的参数,单击"下一步"。需要注意的是,公有 MQTT 接入地址为 tcp://iotmqtt.casicloud.com:1801,如图 6-29 所示。

图 6-29　网关名称及通信协议选择界面

(3)选择已有的身份或创建新的身份,单击"下一步",如图 6-30 所示。需要注意的是,创建公有 MQTT 身份需填写用户名和密码,如图 6-31 所示。

图 6-30　身份选择界面 b

(4)选择设备并挂载设备到网关,单击"下一步",如图 6-32 所示。

(5)在"配置确认"界面确认配置信息,单击"保存",如图 6-33 所示。

图 6-31　配置身份界面 b

图 6-32　挂载设备选择界面 b

图 6-33　配置确认界面 b

3．创建私有 MQTT 协议网关

（1）配置网关相关的参数，单击"下一步"。需要注意的是，当通信协议选择私有 MQTT 时，当前账号需通过开发者认证。另外，如果之前已成功创建过私有 MQTT Server，可在接入地址处直接选择已有的 Server，也可重新创建，如图 6-34 所示。

图 6-34　创建网关界面

（2）选择已有的身份或创建新的身份，单击"下一步"，如图 6-35 所示。需要注意的是，创建私有 MQTT 身份时需要填写用户名和密码，如图 6-36 所示。

图 6-35　身份选择界面 c

图 6-36　配置身份界面 c

(3)创建私有 MQTT 主题，填写"名称""主题""权限"，如图 6-37 所示。

图 6-37　MQTT 主题选择界面

(4)选择设备并挂载设备到网关，单击"下一步"，如图 6-38 所示。

图 6-38　挂载设备选择界面 c

(5)在"配置确认"界面确认配置信息，单击"保存"，如图 6-39 所示。

图 6-39　配置确认界面 c

步骤四：创建身份通过设置身份为网关增加一层安全防护，HTTP(S)协议身份将作为系统为网关生成 accessKey 时的一个必要条件，用户后续更改网关的关联身份，会重新生成 accessKey，接入项目中时需同步更改 accessKey；MQTT 协议身份会作为消息订阅发布主题时的身份认证凭证，如图 6-40 所示。

(1)在物联网接入工具菜单中，选择"物接入"→"身份列表"。

(2)单击"创建身份"。

图 6-40　身份列表界面

(3)配置身份相关的参数，单击"下一步"，如图 6-41 所示。需要注意的是，首先，HTTP(S)协议身份需要填写用户名，公有 MQTT 和私有 MQTT 协议需要填写用户名和密码；其次，MQTT 协议身份创建时请用户务必将密码保存好，重置密码需要确认旧密码；最后，一个私有 MQTT 身份只能绑定一个私有 MQTT 网关，一个公有 MQTT 身份和 HTTP(S)身份可以绑定多个网关。

图 6-41　创建身份界面

(4)在"配置确认"界面确认配置信息，单击"保存"，如图 6-42 所示。

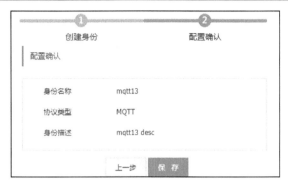

图 6-42　配置确认界面 d

步骤五： 创建主题为私有 MQTT 协议时，可以通过创建主题模板更为方便地对主题进行编辑和修改。

(1) 在物联网接入工具菜单中，选择"物接入"→"主题列表"。

(2) 选择"主题组列表(私有 MQTT)"→"未绑定主题"→"创建主题"，如图 6-43 所示。

图 6-43　主题组列表

(3) 创建主题内容，如图 6-44 所示。

图 6-44　创建主题界面

(4) 配置确认，如图 6-45 所示。

图 6-45　配置确认界面 e

　　步骤六：配置网关是连接设备和云平台的中间设备，可以是 INDICS EDGE 智能数据采集网关、其他具备网络请求的硬件数据采集设备和虚拟网关（SCADA、ERP 等系统对外数据上传接口）。设备必须通过网关进行数据上传，创建网关过程请参见 5.5.3 节。

6.5.4　虚拟网关开发指南

　　物联网接入工具中已完成虚拟网关的创建是虚拟网关开发的前提条件。此时，必须配置"网关类型"为"虚拟网关"。其具体操作如下所示。

　　步骤一：获取企业软件系统对接物联网接入工具虚拟网关的对接配置信息。

　　(1)在网关列表中，选择已完成网关配置的网关，单击"配置下载"，如图 6-46 所示。

图 6-46　网关列表

　　(2)保存下载的 json 配置文件，用于企业侧虚拟网关配置。

　　步骤二：配置物联网接入工具接口调用。

(1)从下载的 json 文件中获取相关的配置参数,其配置参数明细见表 6-1。需要注意的是,设备的采集点需要区分状态采集点和数据采集点,采集结果分别上送到状态接入地址和数据接入地址。

表 6-1　json 文件配置参数

序号	项目	内容
1	数据接入地址	
2	状态接入地址	
3	网关 ID	iot=10000057260097
4	accesskey	accesskey=z7y16tTrJrNvovmkJW15aw==
5	设备 ID	equipment=10000057260086
6	采集点	keyname=state

(2)根据 json 配置参数修改 API 信息。

6.5.5　常见问题

(1)设备创建好后如何传输数据?

创建好设备和网关后要将设备绑定到网关,平台提供 json 配置文件下载,用户可根据数据采集 API 和 json 配置文件中的配置进行开发并传输数据。

(2)设备上云之后如何查看数据?

目前平台提供数据云监测功能,用户可以在基础应用中找到数据云监测模块并查看数据。同时,平台还支持以 API 的方式进行数据调用。

(3)物联网接入中是否可以批量创建设备?

物联网接入工具提供了设备批量创建模板,用户可以将下载好的模板按要求整理并导入平台,在操作提示下进行批量创建。同时,物联网平台支持网关、身份的批量创建。

(4)如何验证私有 MQTT 功能是否可用?

创建好的私有 MQTT 网关都会有一个连接性测试按钮,用户可单击此按钮进行简单测试。同时,用户可下载 mqtt.fx 客户端进行发数测试,mqtt.fx 客户端配置参数以下载的 json 配置文件为准。

第 7 章　云平台服务

云服务平台以 INDICS 平台为载体，对平台数据库、工业引擎、模型与算法等核心组件进行封装，以及对平台各类产品的对外功能封装，以 API 的方式统一提供对外接口服务。用户基于 API 可简单、快速、低成本、低风险地实现微服务聚合、前后端分离、系统集成，通过丰富的定制功能，客户可以更快、更经济地完成敏捷开发过程。

7.1　产品概述和目标用户

1. 产品概述

云服务平台提供功能完善、高效稳定的基础平台服务，提供大数据、人工智能、仿真等工业智能引擎，支持工业模型的高效运行与优化，提供弹性伸缩、动态编排的容器服务，支持工业应用可靠稳定运行，提供研发设计、生产制造、采购营销类业务服务，支持制造全过程服务。

云平台服务为用户提供通用 API 和业务 API 两大类 API 服务，将基础平台服务、工业智能引擎服务、容器服务、业务服务统一封装成云服务总线，面向中小企业和个人开发者提供标识类、事件类、运行类、安全类、模型类、数据类、服务类、应用管理类等通用 API，面向制造企业提供制造类、数据类、供需类企业制造过程的业务 API，如图 7-1 所示。

2. 目标用户

云平台服务以平台服务商、APP 服务商用户为目标用户。

7.2　通用 API

公共服务 API 系统依托 INDICS 平台 IaaS 层的计算资源、存储资源、网络资源等基础设施环境，工业互联网平台公共服务 API 系统为云端应用运行管理工具层和 SaaS 层提供微服务，为基于微服务架构开发的应用提供支撑环境，同时为企业遗留应用微服务提供接入途径。

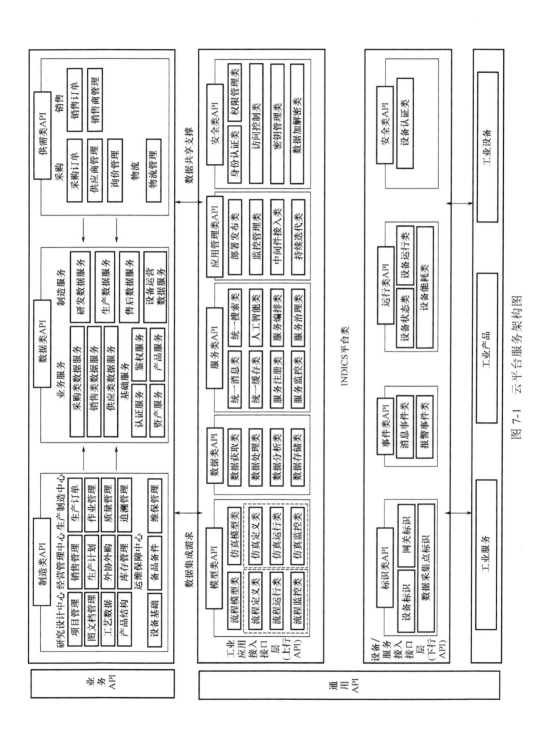

图 7-1　云平台服务架构图

API 中心提供 API 的托管服务，涵盖 API 注册、发布、管理、监控和运维的全生命周期管理，体现了 INDICS 平台对外提供开发的能力，向合作伙伴、开发者开放服务和数据，使各类应用快速开发与集成，更好地融入航天云网生态圈，如图 7-2 所示。用户基于 API 可以简单、快速、低成本、低风险地实现微服务聚合、前后端分离、系统集成，为开发者提供直观的使用 API 进行开发的场景及能够解决的问题，同时可以为开发者提供清晰的 API 列表及开发流程，平台对外提供 Open API，向上提供各类工业相关应用支撑制造业全生命周期、全产业链、全要素应用开发及管理，向下提供接口可以接入各类设备和服务，实现设备数据采集和设备运行监控。

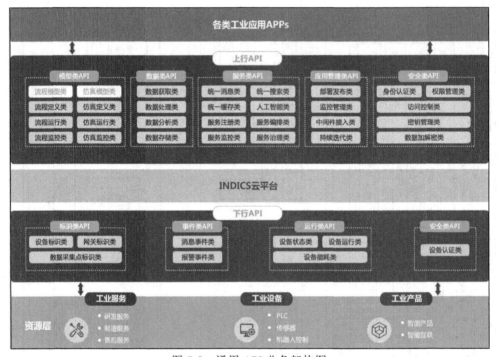

图 7-2　通用 API 业务架构图

7.2.1　产品功能

通用 API 产品功能架构如图 7-3 所示。其具体功能如下。

1. API 中心

1) 服务监控

API 中心支持在线服务监控，通过 API 测试工具页的输入数据，通过定时任务，每天发起主动监测，并记录服务监测结果和服务调用日志。

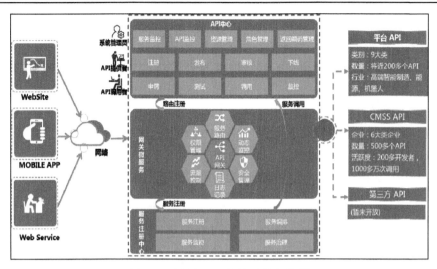

图 7-3 通用 API 产品功能架构图

2）API 监控

API 中心支持 API 可视化监控调用量统计数据，包括整个平台 API 的基础数据、访问统计、调用次数等信息的总体情况监控。

3）用户管理

API 中心支持用户启用、禁用、删除、查询，以及用户对应绑定角色。

4）角色管理

API 中心支持角色新增、修改、删除、查询，以及角色分配菜单访问权限。

5）菜单管理

API 中心支持系统资源菜单新增、修改和删除等管理操作。

6）工单配置

API 中心支持私有 API 通过工单配置进行调用授权，可新增、删除私有 API 授权用户。

7）路由管理

API 中心支持通过路由管理功能管理每个产品的服务器，可以进行服务器的启用及停用，对于已创建的服务器，还可进行编辑及删除。通过每一个产品每一台服务器进行管理。

8）地域权限管理

API 中心支持地域权限和公司权限的管理与分配，包括权限的新增、查询、修改和删除操作。

9）数据字典

API 中心支持数据字典的新增、查询、修改、删除等操作。通过字典类型、字典项值、字典项名称、字典面描述、序号字段，睡醒字典的新增操作。

10) API 注册

API 中心支持 API 分组管理和 API 注册，支持创建、查询、修改、删除接口等操作。

11) API 发布

API 中心支持 API 发布管理，实现将注册的接口服务申请发布。

12) API 审核

API 中心支持 API 审核，审核通过的接口可正式发布开放至平台用户。

13) API 下线

API 中心支持 API 下线，实现将已弃用或失效的接口服务下线。

14) API 发现

开发者通过工单申请购买 API，在平台上选取所要购买的 API 信息，包括计费类别、调用次数、使用期限等，管理员审核通过后，开发者具备购买 API 的使用权限，通过"我的 API"查看可调用的 API 列表。

15) API 申请

API 中心支持 API 申请授权，支持 APP 的创建、修改和删除操作，获取授权申请后查看 APP 对应的 APP Key 和 APP Secret。

16) API 测试

API 中心支持 API 在线测试，根据所录入的字段值，返回 API 的请求地址和响应结果。

17) API 调用

API 中心支持 API 调用，根据 Token 和 API 地址及接口参数信息在第三方应用调用。

2. API 网关

API 网关提供集中权限认证管理，提供防攻击、防重放、请求加密、身份认证、权限管理、流量控制、日志记录等多重手段保证 API 安全。API 请求到达网关需要经过严格的身份认证和权限认证才能到达后端服务，降低 API 开放风险。

3. API 调度中心

API 调度中心提全部微服务接口的注册、编排、监控和治理功能。

7.2.2　优势及特点

用户通过 API 网关调用 API，API 中心作为服务调用的唯一入口，极大地方便 API 的调用者，使其可以基于 API 实现业务应用的快速开发与集成，其优势及特点如下所示。

1. 高覆盖性

API 中心提供 API 托管功能，涵盖 API 的全生命周期管理，覆盖 API 的定义、测试、发布和下线整个生命周期管理，便捷的日常管理、版本管理，支持热升级和快速回滚。

2. 权限认证

API 中心提供集中权限认证管理，提供防攻击、防重放、请求加密、身份认证、权限管理、流量控制等多重手段保证 API 安全，API 请求到达网关时需要经过严格的身份认证和权限认证才能到达后端服务，降低 API 开放风险。

3. 可视化调试

API 中心提供在线调试的功能，用户在调试界面输入 API 要求的参数值，执行调试操作即可实时获取接口返回结果，并提供列表形式展示结果，便于用户直观形象地获取返回的数据结果。

4. 实时监控

API 中心提供便捷、可视化的 API 监控功能，帮助用户深入监控 API，便于运维人员快速了解 API 的运行状况和用户的行为习惯，识别可能影响业务的潜在风险。用户可实时查看 API 的运行状态，并支持历史情况查询，以便统筹分析。

5. 参数管理

API 中心提供请求参数管理功能，通过参数校验过滤无效请求，通过参数转换实现 API 高度复用，使一套 API 可提供多种服务。

7.2.3　应用场景

通用 API 可以运用到多种应用场景，如下所示。

1. 快速开发与集成

通用 API 可以为融入航天云网生态圈的企业开发者和个人开发者提供标准化、服务化和集约化的功能接口（Open API）。用户可根据业务灵活、快速地开发 APP，开放性和灵活性良好，基于各类工业 API 实现业务应用的快速开发与集成。

2. 安全构建与部署

用户基于应用管理类接口可实现工业应用的快速部署和持续迭代，实现应用发布、测试、部署、销毁的全生命周期管理，并支持绑定中间件和对应用运行情况进行监控，通过 INDICS 平台安全产品保障运行环境和应用安全。

3. 设备接入及采集

设备服务商可基于运行类 API 快速实现数据的采集，获取设备和运行状态的采集数据，并基于数据类 API 提供的设备进行实时工况监控、实时故障报警、OEE（overall equipment effectiveness，设备综合效率）分析等智能服务，实现设备的预测性维护。

4. 实时运维和监控

基于 Cloud Foundry 建立的全生命周期管理，为开发者提供基于 API 的应用部署、监控与持续集成服务，方便运维和监控，可及时发现警报并快速定位问题，降低运维成本，提升效率。

7.3　业务 API

7.3.1　产品概述

业务 API 面向企业和个人开发者，对通用核心业务功能与数据调用功能进行标准化封装，提供制造类 API、数据类 API、供需类 API，全面支持企业研发、生产、设计、实验等全过程的 API 应用，实现企业用户在工业生产的研发设计、工艺优化、生产加工、质量检测、智能运维、精准营销等场景应用，为系统集成、制造过程、生产计划、制造类工业 APP 开发等应用场景提供重要支撑，提供业务应用的快速开发与集成。

7.3.2　产品功能

业务 API 产品功能架构如图 7-4 所示，其具体功能如下所述。

1. 制造类 API

制造类 API 提供工业制造服务能力，支撑个性化制造类 APP 开发需求。制造类 APP 定制和开发需求可按制造业业务模式分成 4 类：研发设计类、经营管理类、生产制造类、运维保障类。

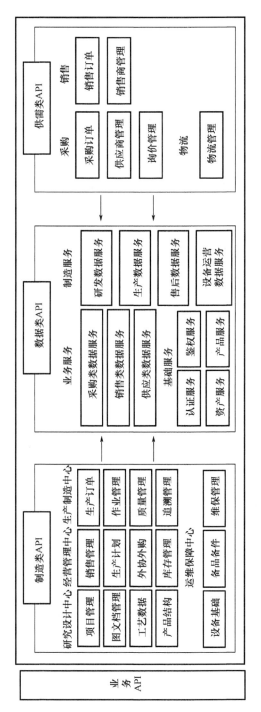

图 7-4　业务 API 架构图

(1)研发设计类包含项目管理、图文档管理、产品结构管理、工艺数据管理等。

(2)运营管理类包含销售管理、生产计划、外协外购、库存管理等。

(3)生产制造类包含生产订单、作业管理、质量管理、追溯管理等。

(4)运维保障类包含设备基础、备品备件、维保管理等。

2. 数据类 API

数据类 API 提供基础服务类、业务服务类、制造服务类接口服务，满足业务、制造对于支持各类数据的共享需求和各类业务数据的存储需求，满足开发者对于系统集成、资源共享、应用开发需求。

(1)基础服务类 API 提供认证、鉴权、资产、产品等基础类数据调用、存储服务。

(2)制造服务类 API 满足企业在研发、生产、售后、设备运营等数据集成与存储方面的需求。

(3)业务服务类 API 提供采购类、销售类、供应类等数据的调用与存储服务。

3. 供需类 API

供需类 API 提供采购、销售、物流等业务领域的数据接口服务，支持用户、企业的数据及需求、能力发布情况查询；面向第三方应用，提供 OAuth2.0 认证机制，支持用户、企业、能力、需求数据的查询与推送；面向 INDICS 子平台/移动应用，还支持需求、能力发布、优选、下单等功能。

7.3.3　产品优势

业务 API 存在如下优势。

1. 高覆盖性

业务 API 提供 API 托管功能,涵盖 API 的全生命周期管理,覆盖 API 的定义、测试、发布和下线的全生命周期管理,提供便捷的日常管理、版本管理,支持热升级和快速回滚。

2. 权限认证

业务 API 提供集中权限认证管理,提供防攻击、防重放、请求加密、身份认证、权限管理、流量控制等多重手段保证 API 安全。API 请求到达网关时需要经过严格的身份认证和权限认证才能到达后端服务，降低 API 开放风险。

3. 多端兼容

业务 API 多端兼容,提供丰富的业务 API 种类,涵盖对基础类数据(用户、企业等)及业务类数据(需求、能力、订单等)的操作接口。

4. 安全监控

业务 API 提供便捷、可视化的 API 调用日志管理功能，帮助用户深入监控 API，便于运维人员快速了解 API 的运行状况和用户的行为习惯，识别可能影响业务的潜在风险。

7.3.4　应用场景

业务 API 可以为用户及权限、企业信息管理、需求订单管理及能力开放管理等业务提供公用 API 服务。

(1)用户及权限。提供对用户基本信息及权限的操作接口，实现用户注册、信息查询、数据更新等功能。

(2)企业信息管理。提供对企业信息的操作接口，实现企业注册、信息查询、数据更新等功能。

(3)需求订单管理。从需求方的视角，提供统一操作接口，实现需求发布、询盘、优选、下单、评价功能。

(4)能力开放管理。从能力方的视角，提供统一操作接口，实现能力发布、报价、完成订单、评价功能。

7.4　使　用　指　南

7.4.1　用户凭证

需要创建应用(APP)作为调用 API 的身份，每个 APP 有一对 APP Key 和 APP Secret 密钥对，APP Secret 需要在请求时作为参数传入。

在 APP 凭证中，需要创建应用(APP)作为请求者的身份。创建 APP 时，系统会自动分配一对 APP Key 和 APP Secret 密钥对。在请求 API 时，需要用到密钥 APP Secret。

用户可以拥有多个 APP，可以根据业务需求分别被授权不同的 API；可以在 API 控制台完成对 APP 的创建、修改、删除、查看详情、查看密钥等管理操作。

用户可以在开发者控制中心查看 APP 凭证，操作界面如图 7-5 所示。

调用者在弹出的窗口中输入 APP 名称、系统 ID、APP 描述，完成 APP 创建，如图 7-6 所示。

图 7-5　APP 凭证界面

图 7-6　创建 APP 界面

7.4.2　API 管理

API 管理包含 API 分组和 API 创建，此菜单仅系统管理员可见。

1. API 分组

API 分组是 API 的管理单元，先创建 API 分组，然后创建 API 并设置分组。输入 API 分组名称、分组信息描述即可，如图 7-7 所示。

图 7-7　API 分组界面

2. API 列表

API 列表是对系统中已有的待发布或已发布的 API 进行相应管理(包括修改、发布、下线),此功能菜单只有系统管理员可见,显示系统中已有的 API 审核列表信息,如图 7-8 所示。

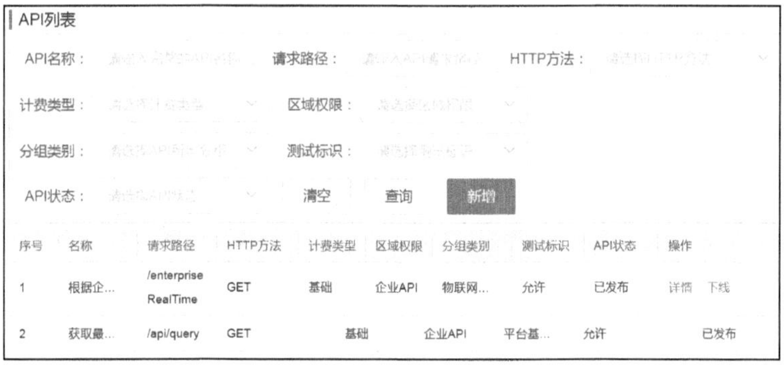

图 7-8　API 列表界面

3. API 创建

创建 API 需要录入 API 的基本信息、请求信息、返回信息。

此外,公共服务 API 系统支持配置常量参数、系统参数,这些参数对用户不可见,但是 API 网关可以在中转时将常量参数、系统参数加入请求中,传递至后端服务,满足后端的一些业务需求。例如,可以将 orgId、userAccount 定义为系统参数,网关会根据用户的登录信息自动配置该参数值。API 创建分为以下 4 步。

步骤一:定义基本信息。API 基本信息包括 API 名称、功能描述、分组类别、计费类型、区域权限和测试标识,如图 7-9 所示。

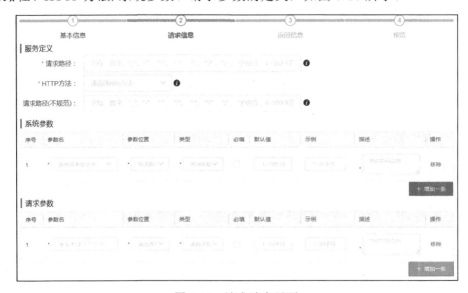

图 7-9　API 基本信息界面

（1）API 名称：API 名称标识，需要手工录入。

（2）功能描述：API 功能的描述。

（3）分组类别：创建时需要选择分组。分组是 API 的管理单元，创建 API 之前需要先创建分组。

（4）计费类型：分为基础和增值两种类型。

（5）区域权限：可根据 API 实现选择全部、地域 API、企业 API。

（6）测试标识：分为允许和不允许两种标识。

步骤二：定义请求信息。这部分是定义用户如何请求 API，包括服务定义（请求路径、HTTP 方法）系统参数、请求参数的定义，如图 7-10 所示。

图 7-10　请求消息界面

（1）请求路径：访问 API 的请求路径。

（2）HTTP 方法：支持标准的 HTTP 方法，可选择 HEAD、PATCH、DELETE、PUT、POST、GET。

（3）入参定义：定义 API 的请求入参，包含参数名、参数位置、类型、是否必填、默认值、示例、描述。

（4）参数名：展示给用户的参数名称。

（5）参数位置：参数在请求中的位置，包含 query、body、path（parameter path），当在请求路径中配置了动态参数时，该参数位置为 parameter path 的同名参数。

（6）类型：字段的类型，支持 string、int、long、date、map。

（7）是否必填：此参数是否为必填值，当选择是时，网关会校验用户的请求中是否包含此参数，若不存在则拒绝用户请求。

（8）默认值：当"是否必填"为否时生效。当用户请求中不包含此参数时，网关自动添加默认值给后端服务。若用户传递，则按用户请求传递给后端服务。

（9）示例：指参数的填写示例。

（10）描述：参数的用途描述及使用的注意事项。

步骤三： 定义返回结果。需要录入返回类型、返回示例、异常示例和返回编码定义，如图 7-11 所示。

图 7-11　返回信息界面

步骤四： 发布。预览所录入的 API 信息，并选择保存或发布，如图 7-12 所示。

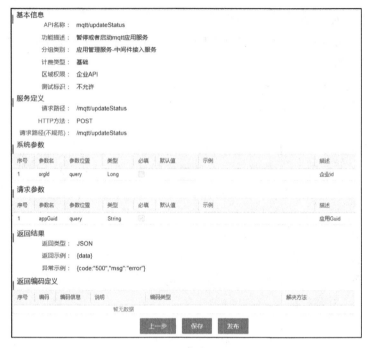

图 7-12　API 信息预览界面

7.4.3　API 详情

调用者可以在文档中心，根据 API 分组查看已发布的 API 详情，如图 7-13 所示。

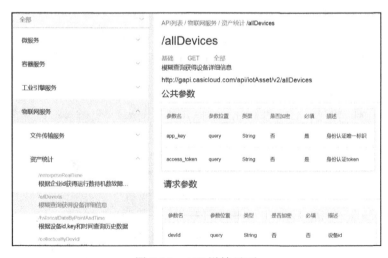

图 7-13　API 详情界面

7.4.4 API 测试

调用者可以通过 API 详情页中的 API 测试工具按钮跳转到 API 测试页,对某个具体的 API 进行在线测试调用。测试工具中,会默认分配 APPKey 和 access Token,录入必输项的参数值后,单击"提交测试",即可看到该 API 的请求地址和响应结果,如图 7-14 所示。

图 7-14 API 测试工具界面

7.4.5 我的 Token

提供根据所选订单编号和 APP,自动匹配相关信息,在线获取 Token 的功能,如图 7-15 所示。

图 7-15 我的 Token 界面

7.4.6 我的工单

我的工单界面显示已购买的 API 列表，调用者在此列表中可以查看已授权的 API 列表，如图 7-16 所示。

图 7-16 我的工单界面

7.4.7 监控中心

API 监控模块展示基础数据、API 调用次数排行、APP 调用次数排行和 API 调用趋势。数据概览展示包括：今日调用成功/今日调用失败次数、累计调用成功/累计调用失败次数、API 总数和 APP 总数，如图 7-17 所示。

图 7-17 基础数据界面

(1)API 调用次数统计。API 按一周、一月、一年或自定义时间段，以图表形式展示调用次数；默认展示一周内 API 调用次数，横轴展示调用时间，纵轴展示调用次数，如图 7-18 所示。

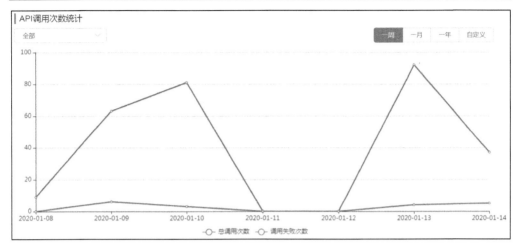

图 7-18 API 调用次数统计界面

（2）API 调用成功/失败排行。API 按今日、累计或自定义时间段，将调用成功和失败次数以柱状图的形式展示；默认展示今日 API 调用成功或失败次数的前五名，横轴展示 API 名称，纵轴展示调用次数，支持导出完整表单功能，如图 7-19 所示。

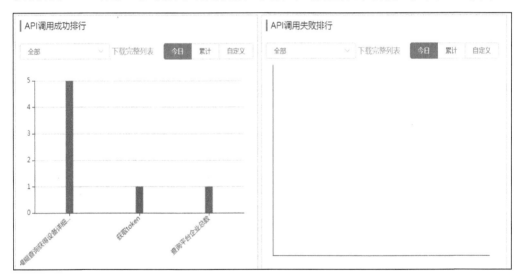

图 7-19 API 调用成功/失败排行界面

（3）APP 调用成功排行和企业调用成功排行。根据今日、累计或自定义时间段，以柱状图的形式展示图标，支持表单下载。APP 调用成功排行：横轴展示 APP 名称，纵轴展示调用成功次数。企业调用成功排行：横轴展示企业名称，纵轴展示调用次数，如图 7-20 所示。

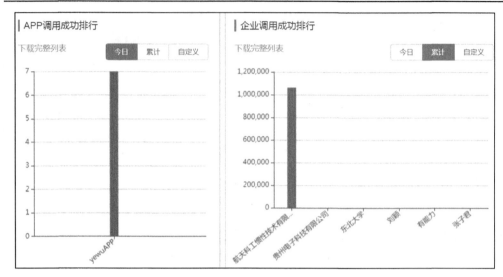

图 7-20　APP 调用成功排行和企业调用成功排行

（4）API 分组数量统计。根据 API 分组数量统计已发布的 API，默认展示 API 一级分组名称和一级分组 API 总数所占总 API 的数量百分比，根据百分比展示饼图，如图 7-21 所示。

（5）API 分组调用统计。默认展示 API 一级分组名称和一级分组调用次数所占总 API 的调用次数的百分比，可通过单击父分组，动态展示子分组相关信息。次数统计区间为：API 发布后到当前时间段，如图 7-21 所示。

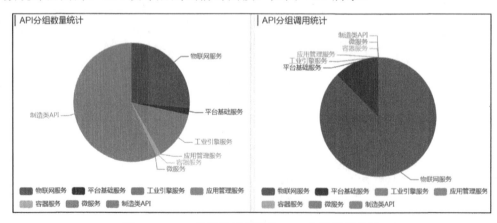

图 7-21　API 分组数量统计和 API 分组调用统计

7.4.8　系统管理

系统管理提供区域管理、数据字典管理、路由管理、用户管理、角色管理、菜单管理。此菜单仅系统管理员可见。

1. 区域管理

区域管理是指提供地域权限和公司权限的管理与分配功能,包括权限的新增、查询、修改和删除操作,如图 7-22 所示。

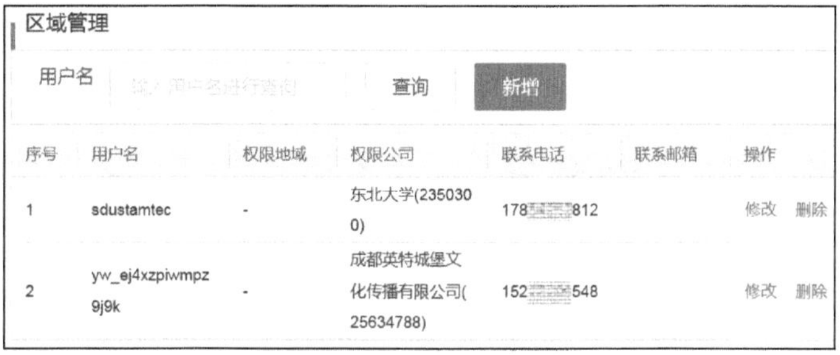

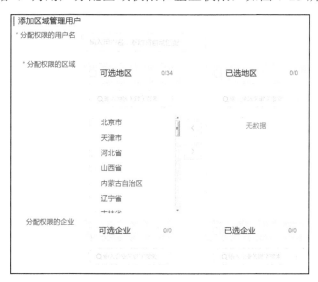

图 7-22　区域管理界面

单击"新增",为用户分配区域权限和企业权限,如图 7-23 所示。

图 7-23　添加区域管理用户界面

2. 数据字典管理

数据字典管理是指提供数据字典的新增、查询、修改、删除功能;通过字典类型、字典项值、字典项名称、字典描述、序号等字段,对系统内所使用的数据字典进行新增、修改和删除操作,如图 7-24 和图 7-25 所示。

图 7-24　数据字典界面

图 7-25　新增数据字典界面

3. 路由管理

通过路由管理功能管理每个产品的服务器，可以进行服务器的启用及停用，对于已创建的服务器，还可进行编辑及删除，通过每一个产品每一台服务器进行管理。

创建路由时，录入 API 的所属分组、服务地址和服务器 ID，如图 7-26 所示。

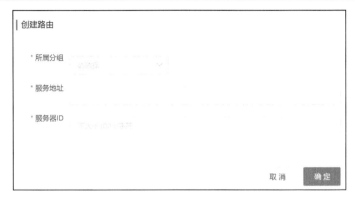

图 7-26　创建路由界面

4．用户管理

可以在用户管理模块中，对系统内用户进行基本信息修改、角色分配和禁用异常用户，如图 7-27 所示。

图 7-27　用户编辑

5．角色管理

可以在角色管理模块中新增角色并为该角色分配可见菜单。下图填写"角色名称"并勾选"我的工单"后，单击"确定"。该角色进入系统内后，左侧菜单栏即展示已勾选的内容，如图 7-28 所示。

6．菜单管理

可以在菜单管理中对目录、菜单和按钮进行新增、修改和删除操作。

(1)新增目录如图 7-29 所示，对系统内左侧一级目录进行新增。

图 7-28　新增角色

图 7-29　菜单目录编辑

（2）新增菜单如图 7-30 所示，录入菜单名称，选择上级菜单，支持多级菜单录入。菜单路由为菜单链接的访问地址。

（3）新增按钮如图 7-31 所示，录入按钮名称，选择上级菜单。

图 7-30　菜单编辑

图 7-31　按钮编辑

第8章 企业应用案例

全球的工业互联网目前正处于应用示范期，应用范围基本涵盖制造业、汽车行业、能源、物流等多个领域，同时也受到商业模式、企业文化、投资收益、技术路线等多方面的限制和挑战。工业互联网的应用成效主要体现在降低成本、提升效率、提高产品和服务能力、业务和模式创新四个方面。对于利用 INDICS 平台相关产品所带来的应用价值和商业价值，本章提供部分优秀案例供读者参考。

8.1 航天电器智能制造样板间

8.1.1 痛点

贵州省某高端连接器生产企业是我国集研发和批量生产于一体的电子元件骨干企业之一，2016 年位列中国电子元件百强第二十名。该公司研制、生产的电连接器立足于高端领域，产品具有技术含量高、品种规格齐全、结构紧凑、体积小、重量轻、接触件密度高、可靠性高、抗振动冲击、耐湿、耐热、耐腐蚀及抗干扰指标高等特点，主要应用于航空、航天、兵器、机车等领域。连接器生产模式具有多品种、小批量、定制化的特点。该企业为集团化企业，组织架构为总部—事业部模式，在产品研制生产管理过程中主要存在以下问题。

(1)企业资源未充分利用，订单准时交付率低。企业生产模式为小批量、定制化、按单生产。要求产品可快速实现定制化改型研发，小批量柔性生产。目前企业未能以订单为驱动，无法充分利用企业多地事业部的库存、产能等数据，实现基于产能约束的优化排程、资源优化利用。企业产能、资源等未合理利用，导致订单准时交付率低。

(2)全球化运营，异地用户数量多，外协外购配套关系复杂，协作效率低，运营成本高。企业用户主要为国内外大型企业，异地用户数量多。产品及零部件种类繁多，外协外购配套关系复杂。企业与客户、供应商的协作效率低，外协外购质量无法管控，运营(采购、销售)等成本高。

(3)产品改型、新品研制周期长，影响订单交付。电连接器产品个性化定制程度高。现有研发体系下，产品改型需要 6.5 个月，新品研制长达 24 个月。研制周期长，极大程度地影响订单交付周期。

（4）企业、设备、产线数据未充分挖掘价值。企业目前单机自动化水平较高，较早实现了数字化检测等，但相关设备、质量、企业运营等数据采集后，未合理进行数据处理、挖掘、分析，未深入利用数据价值，不能为企业工艺优化、设备预防性维护、运营决策优化提供依据。

（5）多系统共存，形成各系统的业务、数据等信息孤岛，数据源不统一，影响生产效率。企业信息化系统实施全面，目前已有系统涉及 OA、ERP、MES、PDM 等多个异构系统，各系统间业务流程、逻辑、数据等未进行集成及统一设计，造成各系统间的信息孤岛，生产阶段数据源不统一，影响生产效率及产品质量。

（6）单机自动化设备无法满足小批量多品种柔性化生产需求。连接器产品订单具有小批量、多品种的特点。单机自动化生产方式已无法满足企业订单的交付需求。急需搭建上下料、物流、装配、检测全流程智能化，且可实现柔性混线生产模式的网络化智能产线。

8.1.2　解决方案

应用 INDICS 平台，以生产计划、BOM/工艺数据、企业运行数据为主线构筑航天电器智能制造样板间线上线下相结合的智能工厂，如图 8-1 所示。

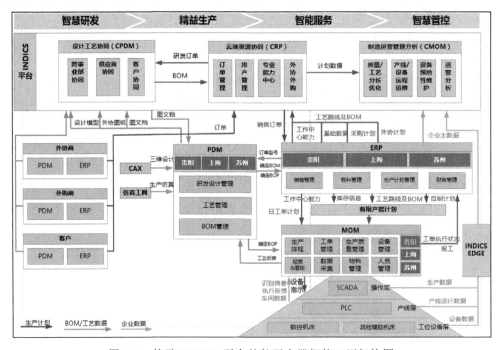

图 8-1　基于 INDICS 平台的航天电器智能工厂架构图

1. 将 INDICS 平台—CRP—MOM—智能产线纵向集成

建设 CRP 系统(云端资源系统)。提供协同商务、资源协同、外协外购协同等增值服务，支持三地跨事业部实现资源计划协同，根据产能、企业资源要素安排三地协同生产，实现三地生产制造资源最优使用，助推航天电器提高资源利用率、降低运营成本。建立了云端商务应用场景，实现了云端接单业务的线上管理。通过专有云、CRP、SAP 系统间的集成关系实现了云端接单、订单创建、形成正式订单等业务的线上一体化管理，如图 8-2 和图 8-3 所示。

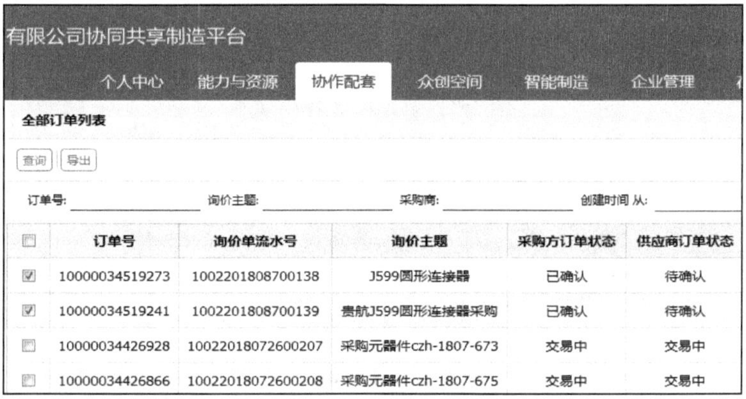

图 8-2　云端商务过程

图 8-3　云端接单

建立了产线的有限产能滚动排产管理方式。CRP 从产线能力的维度开展排产运算业务。在排产管理过程中实现了能力扣减与释放的自动运算，为科研生产调度人员提供了有力的决策支持依据。CRP 形成的排产结果可以直接下发至 MOM 并接收 MOM 的报工信息，如图 8-4 和图 8-5 所示。

订单-甘特图

计划单号	开始时间	持续时间	10(星期五)	11(星期六)	12(星期天)	13(星期一)	14(星期二)	15(星期三)
10000017847	2018-08-11	2		5				
10000017867	2018-08-13	4		960				
10000017837	2018-08-13	3				140		
10000017848	2018-08-13	3				7		
10000017856	2018-08-13	3				5		
10000017857	2018-08-15	5				828		22

未完工订单计划　　已完工订单计划

	订单	销售订单	状态	CRP状态	优先级	报工状态	物料	数量	销售订单数量	SAP开始日期	SAP结束日期	CRP开始日期
1	10000017962		订单打开		1	已排产未下发	13090017			2018-08-10	2018-08-31	2018-08-13
2	10000017963		订单打开		2	已排产未下发	13090016			2018-08-10	2018-08-31	2018-08-15
3	10000017961		订单打开		3	已排产未下发	13090017			2018-08-10	2018-08-31	2018-08-15
4	10000017837	1271	订单打开		999	已排产未下发	13090015	7	7	2018-06-07	2018-06-08	2018-08-11

图 8-4　有限产能排产结果

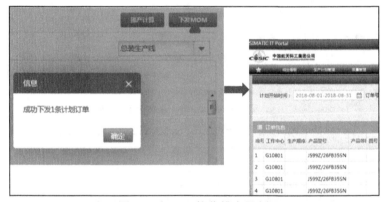

图 8-5　MOM 接收排产计划

实现 INDICS 平台—CRP—MOM—智能产线纵向集成的打通，用户在 CRP 系统中通过专有云接收、挖掘线上订单。依据确认的线上销售订单，CRP 以订单数据为驱动，结合 SAP 中资源信息，整合企业内外及线上线下的资源(工作中心、库存等)实现优化排程，输出有限产能计划给 MOM，驱动制造端执行业务。整体实现线上线下业务闭环管理，生产计划功能增强，为企业的生产管理提供了新的更为科学的管理手段。

2. 建设 CPDM 系统

提供跨事业部、客户、供应商的设计工艺协同平台。支撑三地基于三维模型/图文档的事业部协同设计，实现贵阳事业部与供应商、客户间打破异构平台、软件限制的三维模型/图文档异地协同，提高研发效率、质量，缩短研发周期。

项目管理功能可进行异地各事业部之间的项目设计协同。总体事业部向异地事业部派发任务，并可追踪任务执行情况，如图 8-6 所示。

图 8-6 CPDM 项目管理文件提交

物料清单(bill of material,BOM)管理实现了各事业部基于 BOM 协同设计和审签,CPDM 的 BOM 管理和 TCBOM 结构保持一致,可与 TC(team center)里面的 BOM 数据进行交互,如 BOM 结构、模型、数据等,为异地事业部提供统一的结构化管理平台,解决异地事业部因没有 PDM 管理三维数据而造成的无法协同设计。通过与产品生命周期管理系统(product lifecycle management,PLM)集成,打通以 BOM/工艺数据为核心驱动的企业研发流程,提高协同设计效率和质量,如图 8-7 所示。

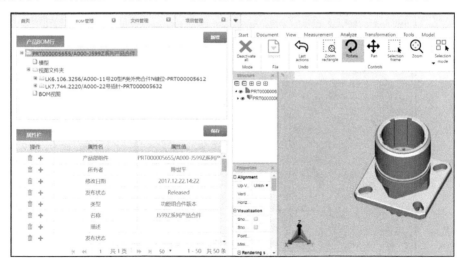

图 8-7 CPDM 的 BOM 管理

　　CPDM 为用户提供云设计工具，可在线设计模型、标注，同时提供一个同构的设计平台，避免了因异构工具造成的数据差异问题，提高协同设计的质量，如图 8-8 所示。各事业部相关人员可针对模型进行协同评审，评审时可看到 BOM 结构、模型属性，对模型进行拖拽、爆炸、批注等，并将审批意见批注在模型中进行保存，便于提交人员清晰地了解评审意见。

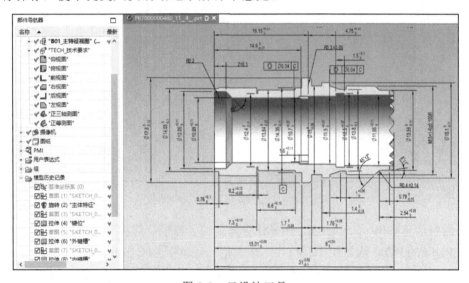

图 8-8　云设计工具

　　CPDM 还实现了电器和客户之间协同，客户可在线方便、快捷地看到模型的技术文档、装配动画，直观、全面地了解产品，提高用户体验，如图 8-9 所示。

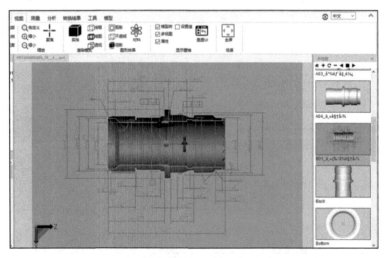

图 8-9　CPDM 的客户协同三维可视化产品说明书

供应商协同可通过构建统一的结构化平台，为供应商提供线预览模型、图纸，解决以前没有三维模型只有图纸的问题。提高电器和供应商的协同效率和协同质量，如图 8-10 所示。

图 8-10　CPDM 的供应商协同技术文件协同

3. 建设 CMOM 工业大数据分析系统

CMOM 工业大数据分析系统应用工业物联网网关开展现场实时生产数据、设备数据采集与监控。应用工业大数据分析技术，构建关联算法模型，实现质量工艺优化，基于设备实时状态数据、维修维护数据等，实现设备远程故障诊断及预测性维护，降低设备维护成本，提高生产效率；采集 ERP 系统销售、财务等数据，运用关联分析类模型，多维度分析企业关键运营指标，支撑企业运营决策，如图 8-11 所示。

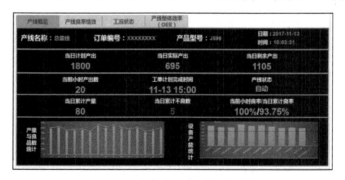

图 8-11　产线状态实时概览看板

8.1.3　平台关联及技术先进性

应用工业互联网网关产品实现产线设备的数据采集，接入总装线、基座合件线、外壳合件线、接触件线等产线；应用数字化企业集成技术，实现了 INDICS 平台与企业内部 PLM、ERP、MES 等系统集成，打通数据链路；应用平台提供的开发工具构建了图文档客户协同模型、高端制造装备产品合格率模型、排产任务模型等多种工业机理模型；应用云平台提供的云端应用 APP，并基于微服务架构进行定制开发，定制孵化形成 CPDM 电子元器件行业版 APP、CRP 电子元器件行业版 APP、CMOM 电子元器件行业版 APP 共 3 款 APP 产品，结合网络化协同技术、云排产技术，实现云端协作和资源协同；形成了跨事业部协同审签、供应商协同、客户协同、云端商务协同、云资源计划协同共 5 个业务流程和 1 个试验设计(design of experiment，DOE)工业数据分析算法；基于工业大数据分析和“云计算+边缘计算”的混合计算，实现设备在线诊断、产品质量实时控制、智能监控、远程诊断管理；基于 VR/AR 虚拟工厂和异构系统集成技术，实现基于物理信息系统(Cyber-Physical systems，CPS)的海量实时数据可视化管理和统计，实现虚实数据同步，为生产线数字孪生系统虚实融合模型建设奠定了一定的技术基础。

8.1.4　应用效果

(1)构建基于工业互联网的价值链生态系统。订单合格品率从 78%提升至 90%以上，有效提高外协外购质量，降低采购成本。订单完成率提升了 21%。

(2)云制造工具软件应用。通过利用 CRP 云资源计划功能，设备资源的利用率有了显著提升，同时设备计划的完成率也提升了 30%。

(3)CPDM 云设计工艺协同。提供结构化产品数据管理协同研发平台，提高异地、企业内改型及新品研制效率，缩短研制周期。研制周期缩短了 33%。

(4)应用工业物联网网关实现产线、设备、业务数据采集及上云，实施云端数据分析应用。进行数据处理、挖掘、分析，实施包括质量工业优化应用、产线设备远程监控、关键设备预防性维护、运营分析四类应用。建立分离扭矩、连接扭矩与安装高度、插针/插孔分离力等因素关联关系模型，为后续工艺设计提供优化支持，降低不良品率。企业运用数据分析，为经营决策提供优化依据，运营成本降低了 21%。

(5)基于工业互联网平台，实现了异构系统大集成及企业业务流程的数字化集成，打破各系统及异构平台间信息孤岛。实现订单数据、工艺 BOM 数据、运行数据从需求、设计、生产规划、制造执行、服务的闭环应用。统一数据源，实现数据在各系统间的快速利用，生产效率提升了 50%以上。

(6) 实施面向订单的准时交付, 订单驱动制造企业生产过程执行管理系统 (manufacturing execution system, MES), MES 驱动工站 PLC 及执行反馈闭环的柔性智能化产线及物流, 实现准时、准点、准量、准料全流程自动化。通过 RFID 与 IoT 技术应用, 实现柔性生产, 自动化率提高了 60%。通过集成机械臂、视觉检测系统等执行机构和传感器, 实现对产品柔性化加工检测, 检测数据上云, 进行优化分析。提高生产效率, 提高订单完成率, 不良品率降低了 56%。

8.2 航天复杂产品的全生命周期管理

8.2.1 痛点

航天产品研制往往具有涉及专业学科技术广、配套研制单位多、知识含量高、新技术多学科交叉突出等特点, 对产业链上资源的高效配置、整合共享和交易协作, 尤其是跨单位协同研制与质量要求高, 现有技术手段和传统研制模式难以应对。航天某研究所在研制某型号产品时主要存在以下问题。

(1) 全生命周期协同效率低、信息一致性差, 各类跨单位的业务协作缺乏跨单位业务平台支持。

(2) 全生命周期生产缺乏柔性, 难以快速响应需求, 产品集成度高, 多品种、变批量, 产能不足, 无法满足国家需求, 缺少生产高度灵活、智能化、节约资源的系统整合手段。

(3) 全生命周期过程不透明, 决策缺乏数据支撑, 难以及时感知研制状态, 对关键过程缺乏监控, 问题追溯困难, 决策缺乏数据支撑。

8.2.2 解决方案

基于 INDICS 平台建设了面向航天复杂产品研制的全生命周期管理云平台, 架构如图 8-12 所示。

(1) 资源层: 提供接入航天产品研制过程的工业服务、工业设备和工业产品。

(2) IIoT 层: 提供智能制造云运行所需的计算、存储和网络资源, 以及工业大数据框架、人工智能引擎、运行支撑引擎、第三方应用运行支撑环境等, 支持应用层各业务系统的运行。

(3) APP 层: 面向产品研制全生命周期提供智慧管控管理、协同研发管理、协同生产管理和智能售后管理四类应用服务。

(4) 门户层: 面向用户云协作中心、云设计中心、云生产中心、云服务中心和云资源中心五大业务板块。

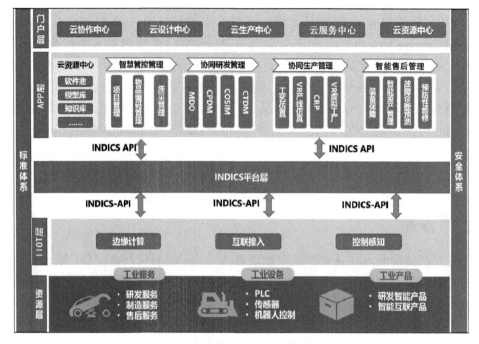

图 8-12　面向航天复杂产品的全生命周期管理云平台架构图

1）项目管理

针对该型号仪器电子舱的研制，北京电子工程总体研究所和北京航天新风机械设备有限责任公司基于多项目管理系统为联合研制 IPT 团队制定工作计划，基于标准项目管理流程，以项目计划为主线，对项目全生命周期的各类活动、资源进行配置及优化调度，实现项目精细化管控。

2）制造资源/能力精准协同

设计部门基于创意设计方案，进行概念设计和详细设计。首先基于云平台发布主要组成系统的设计、生产和检验协同研制信息，云平台基于用户画像和能力资源画像，匹配推荐合适的供给方，最终在市场机制的作用下形成动态地联合研制 IPT 团队，实现了基于大数据智能的精准匹配应用。

3）跨企业多学科方案设计

在总体设计论证阶段，跨企业联合研制 IPT 团队主要基于云平台，以服务的形式进行资源共享和任务协同，依托高性能计算机实现资源集约化、提升仿真效率，支持从传统的集中式联调、串行方案验证向分布式联调、并行方案验证转变。支持总体设计师和各分系统设计师通过浏览器提交相应模型，后台动态地为其构建协同制造的运行环境，自动建立起系统级的虚拟样机，实现针对多工况设计优化需求的复杂产品多学科协同仿真，如图 8-13 所示。

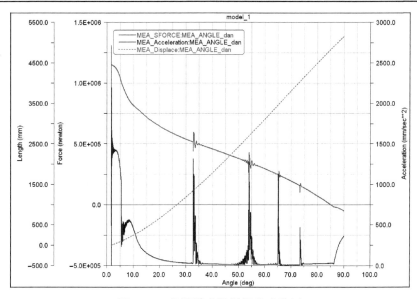

图 8-13　多学科虚拟样机仿真验证

4) 跨企业协同设计

在验证、确定设计方案后，产品研制进入详细设计阶段。联合研制 IPT 团队基于云平台的 CPDM 发放骨架模型，在智慧企业云调用云 CAD (computer aided design，计算机辅助设计)、云 CAE (computer aided engineering，计算辅助工程) 等工具软件，利用下发的骨架模型，在线进行结构详细设计和校核，并通过 CPDM 系统跨企业与生产工艺设计师开展在线工艺会签。当结构和工艺完成审查，模型达到一定的成熟度后，转入生产阶段，基于 CPDM 定义产品基线，完成技术状态控制，并将产品 BOM 和三维模型统一下发给总装厂，实现全三维下厂。

5) 跨企业柔性排产

总装厂评估接收到的三维模型，在生产能力不足时，基于云平台的 CRP 系统进行跨企业协同生产，通过智能车间云接入的产线信息，智能感知平台上已有企业的制造能力、制造设备信息、生产辅助工具信息等，在此基础上进行跨企业的资源计划、排程优化计算，如图 8-14 所示。

6) 智能生产

生产车间在接到云平台派发的生产任务后，通过智能设备云调度自动物料运送机器人、自动化加工产线，进行智能化生产，并基于云平台构建与真实车间对应的虚拟工厂，通过工业大数据链接底层设备数据，在生产过程中及时更新交货期信息，并虚拟工厂分析和优化工艺环节及生产效率，监控设备运行状态，实现人机混合的智能应用。

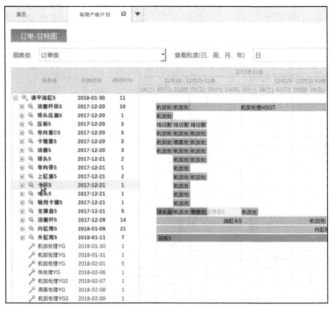

图 8-14　跨企业柔性排产

7) 智能装配

在产品总装过程中，基于智能车间云管理智能装配生产线，分别对工位、机器人操作、出入库管理、上下料等装配环节进行统一的管控，并基于机器视觉识别、控制核心仓段的装配识别点，控制自动化设备，完成仓段的自动对接，实现智能装配应用，如图 8-15 所示。

图 8-15　智能装配

8）智能售后

利用智能设备云的设备监测与分析模块，实现对工业现场设备的运行状态监测，使设备制造商实时掌握设备的工作状态，全面了解设备运行状态、关键参数状态、运行趋势走向及总体寿命期限，实施质量/工艺优化应用、设备远程运维应用，以及基于神经网络，利用数据进行训练，实现对关键设备的远程运维和预测性维护，降低运营成本。

8.2.3　平台关联及技术先进性

调用 INDICS 平台 IaaS 层提供的主机、存储、基础网络、安全、计算等资源，构建可伸缩、易扩展的基础环境，基于 INDICS 平台 PaaS 层的分布式数据库、模型库和数据中心，通过对多中心、异地、分布计算资源与软件资源的虚拟化、服务化，实现对分散资源的集中管理；为产品研发设计过程中提供所需的各类共性服务及通用业务支撑；运用 INDICS 平台 DaaS 层的大数据计算、模拟仿真等新技术，建立了资源/能力动态匹配，跨企业协同研发、云端排产优化等机理模型，实现企业的数字化运行管理；基于 INDICS 平台 SaaS 层云端营销、云排产、协同设计等服务功能，打通销售、采购、库存、生产排产等环节的数据通路。

8.2.4　应用效果

面向航天复杂产品研制的全生命周期管理云平台应用，初步实现了基于大数据的制造资源/能力的智能推荐、跨企业的制造能力的智能感知和动态协同、人机混合智能等应用。应用效果体现在以下几个方面。

（1）在制造资源/能力协同方面，大大提升了项目订单的办理效率，整个项目从发布到执行的周期缩短了 40% 以上。

（2）在设计生产协同方面，云端软件资源、高性能计算资源共享，利用率达 50% 以上，多学科协同、跨阶段并行研制，研制效率提升了 30% 以上。

（3）在生产协同方面，通过云平台的在线设备管理、柔性调度和生产计划管理，实现了生产过程管理的透明化，生产效率提升了 33%，产品的一次加工合格率提升了 32%。

（4）在车间执行管控方面，实现了设备状态、车间现场生产进度的实时监控，打造了小批量、多品种定制生产的制造模式，设备运行效率提高了 10%，设备能耗降低了 5% 以上。

8.3　佛山华数机器人设备优化管理

8.3.1　痛点

工业机器人是计算机之后出现的新一代生产工具，现已经被广泛应用在各个领域。我国对工业机器人需求量巨大，工业机器人有着广阔的市场。当前的工业机器人制造企业、运营企业以及配套服务企业，在日常的生产活动中经常面临以下问题。

(1) 设备非计划停机，严重影响排产计划。

(2) 设备产品同质化，产品服务个性化代价较高。

(3) 设备维修响应慢、设备运维成本高、设备损耗高等实际问题。

8.3.2　解决方案

华数机器人依托 INDICS 平台，将使用生产线+工业机器人技术+云平台智能服务相合，实现数据采集、数据分析处理、状态监测、健康评估、故障预测和保障决策等智能化服务的整体服务方案，如图 8-16 所示。

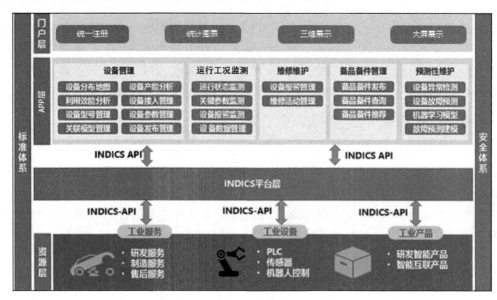

图 8-16　工业机器人设备优化管理

(1) 资源层：提供现场的工业机器人系统及相应附加传感器、智能网关等设备。

(2) INDICS 平台层：为各业务应用系统的构建和运行提供技术支撑，并为各应用服务提供计算、数据等资源的调度、管理及监控服务。

(3) APP 层：主要提供设备管理、运行工况监测、维修维护、备品备件管理、预测性维护等服务。设备管理给工业机器人管理人员尤其是一线工作人员提供移动化全维度资料查询、维修派工、工作执行、工业机器人状态监测等手段，帮助企业最大化提高检修维护人员的工作效率。运行工况监控可以查询工业机器人的最新状态、参数和变量的实时变化，了解工业机器人状态、参数和变量的历史变化趋势，获得针对历史变化趋势的统计分析等。维修维护可以实现维修维护的全过程协同管理，缩短了维修维护时间，同时降低了维修维护费用。设备制造方和设备运行方可以在授权模式下，协同分享设备的检修工单。备品备件管理主要是向企业用户提供工业物资采购服务，包括备品备件发布、备品备件查询、备品备件推荐，提供丰富的备品备件物资在线分类搜索、选比、下单等全过程支撑功能。

（4）门户层：通过统一认证授权提供统一注册、统一登录入口。

平台主要通过以下功能模块助力企业解决设备信息化管理、设备健康监测、设备故障预警及预测性维护。

1）设备运行工况监测

该功能模块采集设备参数数据，为采集点设定科学阈值（正常运行范围内的最大值与最小值），并与实时数据比对分析，计算风险故障发生概率，预测未来故障概率，减少非计划停机，如图 8-17 所示。

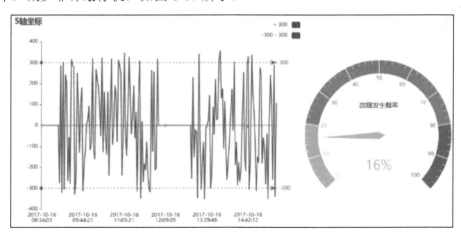

图 8-17　关键参数监测

2）设备利用效能监控

接入云平台后，停机概率大幅度降低；设备维护预测有效缩短了少设备停机维护时间；多维度对比工业机器人健康状态，生成维修决策建议；通过运行数据与质量数据的关联分析，更有效地检测和分析产品的一致性，保障产品生产良品率；设备综合效率（overall equipment effectiveness，OEE）指标显著提升，如图 8-18 所示。

3）维修维护管理

通过采集和积累设备数据，建立模型，对设备进行有针对性的维护。

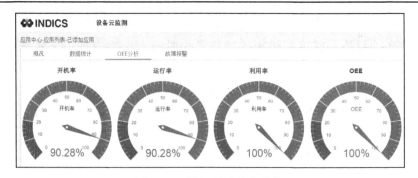

图 8-18　设备利用效能监控

8.3.3　平台关联及技术先进性

利用平台物联网接入工具和平台 API，实现华数 HSR-606、HSR-605、HSR-JR612 等多种型号的机器人现场数据的汇聚、存储与管理，并保障数据能够安全稳定的传输；基于云平台服务人工智能引擎、工业机理模型、可视化技术等各类模型与开发工具，实现工业机器人 OEE 分析模型、工业机器人离线率模型、工业机器人故障率模型、工业机器人运行率模型、工业机器人故障时长模型、工业机器人在线时长模型、工业机器人离线时长模型、工业机器人运行时长模型、工业机器人待机时长模型；通过平台应用开发工具，快速构建典型机器人行业的数据分析云服务、集中监控云平台、设备远程运维服务平台、智能服务中心。

8.3.4　应用效果

搭建工业机器人云平台，为设备制造(供应)商创造的应用价值主要表现在以下方面。

(1)设备信息化管理。促成企业设备智能化管理，为后续的机器人应用、运维等智慧化运营奠定基础。

(2)设备运行监测与分析。为企业生产运营提供精准数据支撑，实时掌握设备的工作状态，以及报警预警处理情况，提高设备管理效率。

(3)设备故障预警、预测性维护及服务。提升企业设备利用率，有效降低企业维护成本，有效减少了 30%～40%的设备维护时间。

8.4　横沥模具云应用案例

8.4.1　痛点

横沥镇是我国模具制造名镇、广东省模具制造专业镇，已形成模具制造产业集群。该镇有模具企业 1142 家，规模以上模具企业 80 家。横沥模具产业正处于企业转型升级的关键时期，面临着一些发展中的问题。例如，横沥模具产业存在品牌知名度不高、营销渠道单一、同质化竞争激烈、水平参差不齐、人工成本急剧增加等发展瓶颈，主要问题如下所示。

1. 模具产业集群效应初具规模，产业链资源整合需完善优化

横沥模具主要是冲压和注塑模具，涉及全世界几乎所有汽车厂商，为其加工零部件模具并生产零部件，缺少传统产业转型升级平台。由于长期以来受"大而全""小而全"影响，许多模具企业观念落后，国内虽然已经有不少企业完成了从作坊式和承包方式生产向零件化现代生产方式的过渡，但沿用作坊式生产的小企业还不少。国内每年生产的模具中，商品模具只占 45% 左右，其余为自用模具，造成商品化程度低，产业要素受限，营销链受制约，区域品牌影响力不够。企业急需产业发展模式与智能制造模式结合，与互联网模式结合，形成有效的线下转变到线上的产业发展模式。

2. 模具定制化业务发展缓慢，研发及自主创新能力薄弱

模具企业专业化生产水平低，专业化分工不细，资源尚未整合，未形成良好的行业生态圈。产品水平低主要表现在精度、型腔表面粗糙度、寿命及模具的复杂程度上；工艺水平低主要表现在设计、加工、工艺装备等方面。模具市场需求量巨大，客户提出个性化模具定制需求，如加工工艺、型腔数、流程工艺、模仁材质、使用寿命等一系列要求。从设计、模型选择、试模等一系列动作满足客户需求从而实现利润最大化。但目前模具生产还是以订单为驱动，来单加工的生产模式，传统的出差上门定制方式滞后于模具市场的发展趋势，缺少面向用户个性化定制模式。由于线下行业对市场需求变化的生疏造成了对模具需求的描述偏离制造方向，同时需求多样化致使分类无法呈现需求方的原意，加之企业对自身模具制造能力定位模糊，多重因素的影响导致中国模具定制行业发展缓慢。

模具产业数字化程度低，技术手段落后，模具产业发展创新能力有待提升，精密加工设备在模具加工设备中的比重较低，企业引入先进技术理念意识反应较慢。特别是在大型、精密、复杂、使用寿命长的模具技术上，许多先进的模具技术应用还不够广泛，这是造成模具产品及其生产工艺、工具(包括软件)、装备的设计、研发(包括二次开发)及自主创新能力薄弱的重要原因。

行业和企业的专业化水平都比较低，企业技术特长少，人员管理能力不足。因而模具产业的发展需要打破粗放发展的"要素驱动"生产模式，通过

智能车间改造，改变现有的生产模式和生产设备，提升企业在产业价值链中的地位。

8.4.2　解决方案

为适应横沥镇模具产业转型升级需要，基于 INDICS 平台，以横沥镇横沥模具产业协同创新中心(以下简称协同创新中心)为依托，通过建立"自由王国"售后及营销平台，提升当地模具企业整体信息化水平，带动横沥镇模具龙头企业上线，同时，依托横沥镇协同创新中心，建立一个集 B2B、在线协同、定制服务等为一体的横沥镇模具产业云服务平台，改变模具产业现有管理模式，推进横沥镇模具产业模式创新，增强产业聚集效应，提升品牌竞争力，如图 8-19 所示。

图 8-19　横沥模具云产业框架图

横沥模具产业云专区集 B2B 供需对接、在线交易、模具定制、协同生产、产学研对接和双创服务为一体，项目建设具体目标概括为"一个专区，六大功能，N 个特色服务"。践行"互联网+模具"战略，实行"一对一"解决方案的同时引导企业向营销网络化、管理云端化、效率数字化、企业智能化转变。推进横沥镇模具产业模式创新，增强产业聚集效应，提升品牌竞争力。开展横沥模具云制造项目对接与改造，提升模具企业整体资源的使用效率和设计制造协同能力，依据实际情况，拓展开发航天云网模具产业云制造服务平台。

8.4.3　平台关联及技术先进性

通过平台业务类 API 实现企业即时通信(EIM)集成，接入车间计算机数字控制(CNC)、线割组设备、车铣钻、研磨组设备；利用云平台服务大数据和人工智能技术，快速搭建了企业的排产任务模型、资源推荐模型，形成了模具行业智能排产算法、质量问题分析算法两个算法模型；通过平台开发工具定制孵化了 CRP 汽车冲压模具行业版 APP、CMOM 汽车冲压模具行业版 APP；基于平台流程引擎和工具，形成了图文档协同管理、客户/供应商业务协同、面向订单排产业务流程。平台的技术先进性主要体现在：通过物联网技术，实现现场设备的接入，调用 INDICS 提供的云存储、数据存储和计算资源、大数据分析引擎，实现基于大数据的车间、产线、企业的运营管理；调用 INDICS 平台人工智能引擎、基于网络化协同技术等，实现云端资源协同，提高企业生产效率；应用了平台 SaaS 层应用 APP，并基于微服务架构进行定制开发，支撑模具行业数字化企业运营。

8.4.4　应用效果

目前，已有东莞市天倬模具有限公司等企业实现交易额超过 3500 万元。预计到 2020 年底，INDICS 平台模具云将服务集团内、外超过 1 万家企业，发布需求总价值将超过 50 亿，成交额将突破 10 亿元。

（1）成本方面。以 INDICS 平台横沥模具云找伙伴功能开放作为切入点，结合协同创新中心，解决企业营销、企业社交等问题，为东莞市建立云模具平台试点示范应用，可节省 5%～10%的直接材料成本、10%～20%的开发成本、用于质量保证方面 15%～20%的费用，降低制造成本 10%。

（2）效率方面。通过 INDICS 平台构建服务横沥模具产业的云服务平台，为横沥模具产业提供 B2B 交易、在线定制、业务协同等一站式服务。扩大横沥模具产业平台效应，形成一个产业聚集、模式创新、线上线下业务协同的创新服务平台。可提高库存流转率 20%～40%，缩短进入市场时间 15%～50%，提高生产效率25%～60%。

8.5　工业云应用案例

8.5.1　痛点

对于企业而言，随着我国经济进入新常态，自身发展存在诸多问题，主要表现在：①订单不足，收入与盈利能力下滑；②产业配套能力不强，资源分散，市场竞争力弱，产业生产集中度低；③招商引资规模不大，中小企业融资困难，自主创新能力较弱；④制造企业自主创新能力低，经营模式落后，发展后劲相对不足；⑤中小制造企业信息化水平不高，生产效率低下。

面对以上发展存在的主要共性问题，企业存在以下几个方面的迫切需求：①拓展产品展销渠道，开辟展品销售新路径，提供线上线下销售新渠道；②整合优化产业资源，改善产业配套体系，提升企业协同研发、协同设计能力，增强企业市场核心竞争力；③提供新式产业融资方式，获取多渠道产业融资模式，引进更多投融资机构；④提供产线智能诊断和智能改造服务，改善企业传统经营模式，提高发展后劲；⑤提供信息化共享应用平台，降低中小企业信息化应用门槛，助力中小企业获取新式管理系统和设计软件等服务。

对于政府而言，在传统的政府治理模式下，单一的管理身份与企业没有交流互动的机制，可能产生信息鸿沟，不能对迅速变化的经济形势和市场环境做出准确、快速的决策。面对如此形势，政府的主要需求包括以下几个方面：①汇集区域各产业的经济数据统计分析结果，及时掌握各类企业工业经济运行状态，以预测工业经济发展趋势，制定科学可靠的政府决策；②对重点产业分布进行监控，掌握行业发展情况，建立企业健康档案；③为产业联盟和企业提供更好的服务，如政策解读、项目申报管理、在线视频沟通等。

8.5.2　解决方案

工业云是新一代信息通信技术与现代工业技术深度融合的产物，是各地区制造业数字化、网络化、智能化的重要载体。工业云平台已成为支撑协同制造、云制造、智能制造的核心平台，以完善的产品和服务体系，引导企业"登云"，帮助企业逐步实现制造产业的数字化转型和智能化提升，帮助政府进行监管和产业转型升级。

航天云网以 INDICS 平台为基础打造的地区工业云，向下支持各类工业设备的接入，实现设备运行数据的采集和设备的互联；向上打造工业 APP 的运行环境，支撑海量 APP 构建的制造业生态，可以实现产品、机器、数据、人的全面互联互通和综合集成。

针对企业和政府的实际需求建设相应的平台内容，面向企业的共性需求提供公共服务板块，包括智造协作中心、工业品共享中心、企业应用中心、工业资源中心、统一用户中心和统一管理后台，面向特定行业的发展需求提供特色产业专区；面向政府建设政府管控专区，提供政务信息、产业地图、经济运行分析等功能和服务，如图 8-20 所示。

图 8-20　工业云平台架构图

　　工业云平台采用线上线下相结合的方式，线下通过物联网接入工具、产线接入工具和 APP 接入工具实现企业设备上云、产线上云和业务上云，线上通过工业云平台提供的贯穿研发、采购、生产、营销、管理全流程的产品和服务，全面助力企业实现产品的智能化升级、生产的智能化改造、服务的智能化提升，如图 8-21 所示。

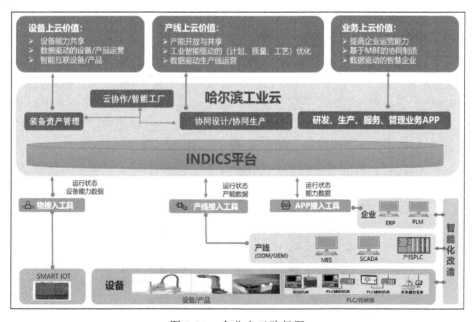

图 8-21　企业上云路径图

8.5.3　平台关联与技术先进性

上云的设备借助工业互联网网关和物联网接入工具将数据统一汇集到 INDICS 平台,形成数据汇集,工业云海量数据统一存储在平台 DaaS 大数据环境。基于先进的工业大数据引擎和强大的设备数据实时与离线分析能力,支持海量设备并发连接和分析。基于平台流程匹配技术提供跨单位的制造资源和能力精准匹配,对企业采购营销、生产制造、协同研发流程进行优化,引入区块链技术,保证交易安全,服务多种交易模式及供应链金融。

8.5.4　应用效果

航天云网按照"线上有本地化平台、线下有本地化服务、对接地方政府有本地企业"的总体原则,推进工业云在全国的落地。已建设运行京津冀工业云、江西工业云、贵州工业云、内蒙古工业云、安徽工业云、常州工业互联网公共服务平台、广州工业大数据公共开放平台。以贵州工业云为例,航天云网在贵州成立分公司,与贵州省经济和信息化工作委员会合作建设贵州工业云,建设目标是延伸和拓展本地产业链,提升企业创新水平,提升政府工业经济管控能力,催生新型商业方式。平台汇集供需协作、资源共享、智能制造、产业链整合、大数据集成创新,推动小微企业信息化水平跨越发展,为应用大数据、云计算推进企业转型升级,满足当地企业资源共享、协作配套、智能改造等需求。平台同时结合国家大数据中心,整合了贵州省经济和信息化工作委员会相关产业监测平台、中小企业服务平台、工信政务平台,并逐步向企业现场延伸,实时提取工业经济大数据,实现"经济运行数据云端采集、政府决策分析云端实现"。贵州工业云 2015 年上线以来已吸引 11 万多家本地企业入驻平台,累计发布需求 127.48 亿元,成交额 97.98 亿元,接入设备 1208 台,完成 18 个车间改造,涉及装备制造、电子信息、制药、化工等更多个行业。

对于 INDICS 平台应用开发过程为了给读者一个直观的感受,本书制作了一个产教类的应用案例演示环境,同时也开放了 INDICS 平台开发者中心注册服务,欢迎加入 INIDICS 开发者社区,INDICS 平台开发演示和开发者中心注册请扫描以下二维码,如图 8-22 所示。

开发环境演示

开发者中心

图 8-22　开发环境演示与开发者中心二维码

附录1 名 词 解 释

(1)三类制造：智能制造、协同制造和云制造。

(2)智能制造：将控制技术和机器逻辑引入制造过程，制造的体力劳动及人的智力劳动均得到一定程度的解放，实现生产线级乃至车间级的流水线自动化生产。

(3)协同制造：将计算机网络技术、软件技术引入制造企业运行管理的内核之中，形成企业级乃至包括配套商、供应链和物流在内的协同制造体系。

(4)云制造：运用大数据技术、人工智能技术以及互联网平台技术对制造业进行革命性改造所形成的一种全新制造形态。

(5)工业互联网：能够支持工业企业智能制造、协同制造、云制造过程实现，支持企业智慧化运行，支持企业与用户从产品定制到售后服务的全程互动，支持企业间"信息互通、资源共享、能力协同、开放合作、互利共赢"的业务活动，支持"企业有组织、资源无边界，企业有产品、制造无限制，企业有规模、能力无约束，企业有销售、市场无障碍"生态形成的系统。

(6)云制造产业集群生态：让制造业进一步专业化、分布化、社会化、智能化、协同化，简而言之，即实现制造业的云化改造。在实现制造业的云化改造过程中，完整独立的中小微企业将被迫或主动逐步压缩业务范围、减少管理职能、消减自成一体的生产性支撑机构，以工业互联网公共服务平台为依托，利用云制造产业集群生态提供的各种共享资源，形成深深植根于云制造产业集群生态、自身也是云制造产业集群生态一部分的新型企业。同时，积极加入云制造产业集群生态的大型、特大型制造企业，必将大幅削减那些并非自身强项、不具生态竞争力的业务和机构，以适应生态环境对于企业生存与发展的无形约束。

(7)航天云网：采用 INDICS+CMSS 搭配，构建和涵养以工业互联网为基础的云制造产业集群生态，兼容智能制造、协同制造和云制造三种现代制造形态，运用大数据和人工智能技术以及第三方商业与金融资源，服务于制造业技术创新、商业模式创新和管理创新。其内在商业驱动力为 3M(省钱(to save money)、赚钱(to get money)、生钱(to make money))；其内在商业逻辑是促进技术创新、商业模式创新与企业管理创新关联互动，推动企业转型产业升级。

(8)CMSS：云制造支持系统(cloud manufacturing support system)，主要包括工业品营销与采购全流程服务支持系统、制造能力与生产性服务外协与协外全流程服务支持系统、企业间协同制造全流程支持系统、项目级和企业级智能制造全流程支持系统四个方面，采用"一脑一舱两室"（企业大脑、企业驾驶舱、云端业务工作室、云端应用工作室）的业务界面提供用户服务。企业大脑为科学决策层提供支撑和服务；企业驾驶舱为企业经营层管理提供服务；云端业务工作室为产供销提供集群化业务及周边业务提供支撑；云端应用工作室为定制、设计、研发、试验及售后技术服务提供支撑。

(9) INDICS：航天云网工业互联网空间（industrial internet cloud space）平台是以区块链、边缘计算、大数据智能、新一代人工智能技术等为核心的工业互联网开放空间，面向全球开发者、设备制造商和集成商以及合作伙伴提供全生命周期工业应用的开发、部署和运行环境。

(10) AOP (aerospace open platform)：航天开放平台，是一套应用开发与运行支撑平台，为开发者提供一站式开发、部署运行环境；是一套以工业数据为驱动，以云计算、大数据、物联网、人工智能为核心技术，面向工业应用的开放平台；是 INDICS 平台的重要组成。

(11) API (application programming interface)：支撑应用开发、应用部署及设备接入的程序接口。

(12) 工业 IoT (industrial internet of things)：工业物联网，是指将具有感知、监控能力的各类采集或控制传感器，以及泛在技术、移动通信、智能分析等融入工业生产过程各环节，从而大幅地提高制造效率，改善产品质量，降低产品成本和资源消耗。

(13) CRP (cloud resource plan)：云资源计划协同管理系统，是一套对企业间生产动态资源协同共享，并通过对资源的科学匹配、智能推荐开展企业内、跨企业有限产能高级排产的管理系统。通过有限产能高级排产实现对企业去库存、降成本和专业单元设备的有效利用，达到企业均衡生产的目的。

(14) CPDM (cloud product data management)：跨企业协同设计的云端产品数据管理系统，主要包括多维项目管理、协同设计管理、产品数据管理、协同研讨与审签管理、技术状态管理、基础数据与工程资源管理、消息管理和云端设计及三维可视化等功能，支持跨部门、跨企业和跨地域的云端协同设计。

(15) CMES (cloud manufacture execution system)：云制造执行系统，是利用云计算技术开发的针对企业生产制造过程管理和资源优化的集成运行系统，为企业提供生产计划、生产过程管控、质量管控、设备管理等日常管理业务解决方案，同时也为企业提供基于工业互联网的智能生产云服务，满足企业线上智能制造需求。通过线上与线下结合，为企业提供线上及工业现场整套智能制造解决方案。

(16) COSIM (collaborative simulation)：面向多学科领域，支持高层体系结构，基于 XML/Web 中间件技术和仿真组件引擎技术，由多个子部件组成，具有通用性、开放性和可扩展性的建模、调试、运行、评估一体化的建模仿真环境。

(17)虚拟工厂：在云平台上构建与实际工厂中物理环境、生产能力和生产过程完全对应的虚拟制造系统，集成企业接入的各类制造信息，支持企业生产能力展示、产线规划仿真、车间生产监控管理等功能。

(18)IPv6(internet protocol version 6)：扩展互联网 IP 地址数量，满足更多设备需求，增加了安全性，但是不能改变已有的连接速度。IPv6 是互联网工程任务组 (internet engineering task force，IETF)设计的用于替代现行版本 IP 协议(IPv4)的下一代 IP 协议。IPv4 最大的问题是网络地址资源有限，严重制约了互联网的应用和发展。IPv6 的使用不仅解决了网络地址资源数量有限的问题，而且也解决了多种接入设备连入互联网的障碍。

(19)人工智能：研究开发用于模拟、延伸和扩展人的智能的理论、方法、技术及应用系统的一门新的技术科学。

(20)区块链：一种公共记账的机制，通过建立一组互联网上的公共账本，由网络中的所有用户共同在账本上记账与核账，以保证信息的真实性和不可篡改性。区块链具有去中心化、去信任化、可扩展、匿名化、安全可靠等特点。

(21)边缘计算：在靠近物或数据源头的网络边缘侧，融合网络、计算、存储、应用核心能力的开放平台，就近提供边缘智能服务，满足行业数字化在敏捷连接、实时业务、数据优化、应用智能、安全与隐私保护等方面的关键需求。

(22)协作用户：通过发布需求、响应报价、进行优选、完成交易、质量认证等方式使用 INDICS 平台的用户。

(23)工业互联网指数：智能制造指数、协同制造指数和云制造指数。其中，智能制造指数反映制造企业智能化改造的进程与程度；协同制造指数由行业协同指数和跨域协同指数构成，反映制造企业在智能制造基础上依托互联网技术和并行工程的协同制造程度；云制造指数反映制造企业在协同制造基础上开展云制造业务的程度与广度。

附录 2 产品及专业术语

(1)企业大脑。企业决策支持系统，俗称企业大脑，英文为 enterprise decision support system，缩写为 EDSS。

(2)企业驾驶舱。企业运行支持系统，俗称企业驾驶舱，英文为 enterprise operational support systems 缩写为 EOSS。

(3)云端业务工作室。企业交易流程支持系统，俗称云端业务工作室，英文为 enterprise transaction process support system，缩写为 ETPSS。

(4)云端应用工作室。企业制造过程支持系统，俗称云端应用工作室，英文为 enterprise manufacturing process support system，缩写为 EMPSS。

(5)企业上云服务站。网络接入服务系统，俗称企业上云服务站，英文为 enterprise network access service system，缩写为 ENASS。

(6)中小企业服务站。企业管理外包服务系统，俗称中小企业服务站，英文为 enterprise management outsourcing service system，缩写为 EMOSS。

(7)数据淘金软件。价值挖掘服务系统，俗称数据淘金软件，英文为 data value mining service system，缩写为 DVMSS。

(8)现金流量是现代理财学中的一个重要概念，是指企业在一定会计期间按照现金收付实现制，通过一定经济活动(包括经营活动、投资活动、筹资活动和非经常性项目)而产生的现金流入、现金流出及其总量情况的总称，即企业一定时期的现金和现金等价物的流入和流出的数量。

(9)收入利润率指企业实现的总利润对同期的销售收入的比率。收入利润率指标既可考核企业利润计划的完成情况，又可比较各企业之间和不同时期的经营管理水平，提高经济效益。收入利润率=利润总额/销售收入。

(10)资产负债率又称举债经营比率，它用于衡量企业利用债权人提供资金进行经营活动的能力，以及反映债权人发放贷款的安全程度的指标，通过将企业的负债总额与资产总额相比较得出，反映在企业全部资产中属于负债比率。资产负债率=负债总额/资产总额×100%。

(11)全员劳动生产率。根据产品的价值量指标计算的平均每一个从业人员在单位时间内的产品生产量。全员劳动生产率是考核企业经济活动的重要指标，是企业生产技术水平、经营管理水平、职工技术熟练程度和劳动积极性的综合表现。全员劳动生产率=工业增加值/全部从业人员平均人数。

(12)工资产出比。工资率是指单位时间内的劳动价格。工资率=单位劳动的产出，即 w=Y/L，因为劳动的投入一般只用时间来度量，所以也就是单位时间的报酬。工资产出比=人均劳动生产力/人均薪资×100%。

(13)净资产收益率又称股东权益报酬率或净值报酬率或权益报酬率或权益利润率或净资产利润率，是净利润与平均股东权益的百分比，是公司税后利润除以净资产得到的百分比率，该指标反映股东权益的收益水平，用以衡量公司运用自有资本的效率。指标值越高，说明投资带来的收益越高。该指标体现了自有资本获得净收益的能力。净资产收益率=税后利润/所有者权益。

(14)周转率。周转率=销售成本/平均存货余额；货周转率(次数)=营业收入/存货平均余额(该式主要用于获利能力分析)。

参 考 文 献

李伯虎, 侯宝存, 于文涛, 等, 2017. 人工智能在智能制造领域的应用研究[J]. 信息技术与电子工程前沿, (1): 86-97.

李伯虎, 张霖, 2015. 云制造[M]. 北京: 清华大学出版社.

李伯虎, 张霖, 任磊, 等, 2011. 再论云制造[J]. 计算机集成制造系统, 17(3): 449-457.

李伯虎, 张霖, 任磊, 等, 2012. 云制造典型特征、关键技术与应用[J]. 计算机集成制造系统, 18(7): 1345-1356.

李伯虎, 张霖, 王时龙, 等, 2010. 云制造——面向服务的网络化制造新模式[J]. 计算机集成制造系统, 16(1): 1-7, 16.

刘棣斐, 李南, 牛芳, 等, 2018. 工业互联网平台发展与评价[J]. 信息通信技术与政策, 292(10): 8-12.

LEE J, LAPIRA E, BAGHERI B, et al, 2013. Recent advances and trends in predictive manufacturing systems in big data environment[J]. Manufacturing Letters, 1: 38-41.

RAUSCHECKER U, STOCK D, STÖHR M, et al, 2014. Connecting factories and related IT environments to manufacturing clouds[J]. International Journal of Manufacturing Research, 9(4): 389-407.

TAPOGLOU N, MEHNEN J, 2015. A framework for cloud manufacturing enabled optimisation for machining[C]//UMEDA S, NAKANO M, MIZUYAMA H, et al, Advances in production management systems: innovative production management towards sustainable growth. New York: Springer International Publishing: 363-370.

WU D Z, GREER M J, ROSEN D W, et al, 2013. Cloud manufacturing: Strategic vision and state-of-the-art[J]. Journal of Manufacturing Systems, 32(4): 564-579.